MARCEL DUBOIS — E. SIEURIN

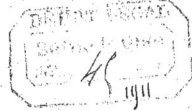

Cartes d'Étude

pour servir à l'Enseignement

de l'Histoire et de la Géographie

I. — ANTIQUITÉ

II. — GÉOGRAPHIE GÉNÉRALE
AMÉRIQUE, AUSTRALASIE

Douzième édition, avec une carte nouvelle et cinq cartes refaites

Classe de Sixième

MASSON ET Cⁱᵉ, ÉDITEURS   1 fr. 80

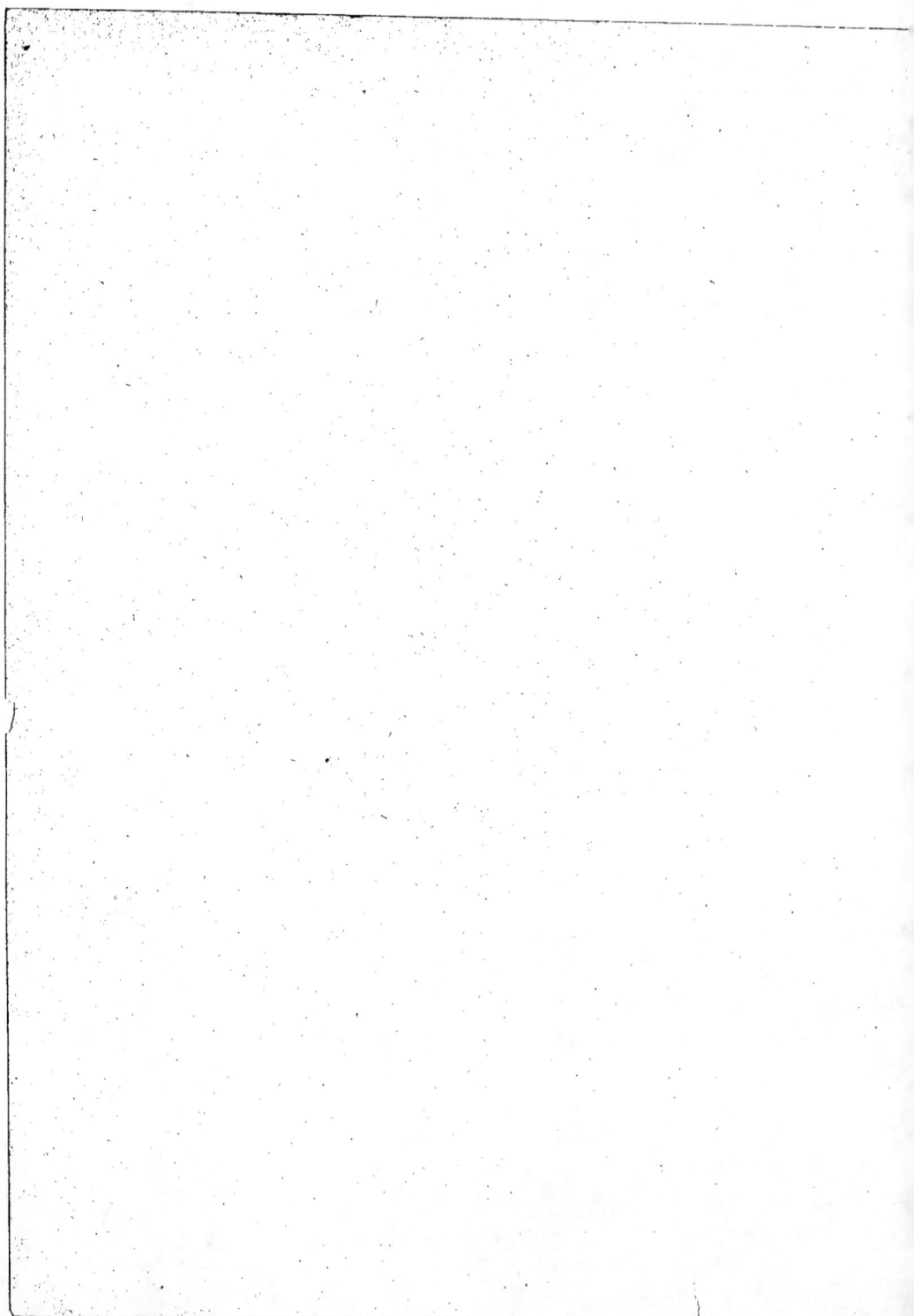

Cartes d'Étude

I. — ANTIQUITÉ

II. — GÉOGRAPHIE GÉNÉRALE
AMÉRIQUE, AUSTRALASIE

Classe de Sixième

4° G
1172

ENSEIGNEMENT DE L'HISTOIRE ET DE LA GÉOGRAPHIE

ENSEIGNEMENT SECONDAIRE

DIVISION PRÉPARATOIRE ET CLASSES ÉLÉMENTAIRES

Classes préparatoires : Histoire et Géographie, par M. Sieurin, 2e *édition*. 1 vol. in-8, avec cartes et figures, cart. toile.. 2 fr. 50

Classe de huitième : Histoire et Géographie, par M. Sieurin. 2e *édition*. 1 vol. in-8, avec cartes et figures, cart. toile.. 2 fr. 50

Classe de septième : Histoire et Géographie, par M. Sieurin. 2e *édition*. 1 vol. in-8, avec cartes et figures, cart. toile.. 2 fr. 50

PREMIER CYCLE

Sixième : Géographie générale, Amérique, Australasie, par MM. Dubois et A. Bernard, chargé de cours à la Faculté des Lettres de Paris. 1 vol. in-16, cart. toile........................... 2 fr. 50

Cinquième : Afrique, Asie, Insulinde, par MM. Dubois, Schirmer et Guy. 4e *édition*. 1 vol. in-16, cart. toile..... .... 2 fr. 50
Moyen Age et commencement des Temps modernes, par M. L.-G. Gourraigne, professeur au lycée Janson-de-Sailly. 1 vol. in-16, cart. toile................................. 3 fr.

Quatrième : L'Europe, par MM. Dubois, Durandin et Mallet. 5e *édition*. 1 vol. in-16, cart. toile... 3 fr.
Les Temps modernes, par M. L.-G. Gourraigne, 1 vol. in-16, cart. toile.............. 3 fr.

Troisième : La France et ses colonies, par M. Marcel Dubois. 3e *édition*. 1 vol. in-16, cart. toile..... 2 fr. 50
L'Époque contemporaine, par M. L.-G. Gourraigne. 1 vol. in-16, cart. toile .. .. 3 fr.

SECOND CYCLE

Seconde : Géographie générale, par M. Marcel Dubois. 2e *édition*. 1 vol. in-16, cart. toile........ 4 fr.
Histoire moderne, par M. Gourraigne. 1 vol. in-16 cartonné toile (*en préparation*).
Histoire de la civilisation ancienne jusqu'au Xe siècle, par M. Seignobos. 1 vol. in-16, cart. toile................ .... 4 fr.

Première : La France et ses Colonies, par M. Marcel Dubois. 6e *édition*. 1 vol. in-16, cart. toile... 4 fr.
Histoire moderne, par M. Gourraigne. 1 vol. in-16, cart. toile .... 5 fr.

Philosophie : Les Principales Puissances du Monde, par MM. Marcel Dubois et J.-G. Kergomard. 3e *édition*. 1 vol. in-16, cart. toile. .... 4 fr. 50
Histoire contemporaine, par M. Gourraigne. 1 vol. in-16, cart. toile........ .... 5 fr.

CARTES D'ÉTUDE pour servir à l'enseignement de l'Histoire, par M. E. Sieurin. *Antiquité, Moyen âge, Temps modernes et contemporains*. 4e *édition*, entièrement refondue, avec 25 cartes nouvelles et 9 cartes refaites. 1 atlas in-4, comprenant 52 cartes et 113 cartons, relié .... 2 fr. 50

Cahiers Sieurin

Cahiers d'Histoire
Par E. SIEURIN

(*Voir page 4 la division des Cartes d'Étude.*)

10258-10. — Corbeil. Imprimerie Crété.

Cartes d'Étude

pour servir à l'Enseignement de

l'Histoire et de la Géographie

PAR MM.

Marcel DUBOIS
Professeur de Géographie coloniale à la Faculté des lettres de Paris
Maître de Conférences à l'École normale supérieure de jeunes filles de Sèvres

ET

E. SIEURIN
Professeur d'Histoire et de Géographie au Collège de Melun.

I. — ANTIQUITÉ
II. — GÉOGRAPHIE GÉNÉRALE
AMÉRIQUE, AUSTRALASIE

Classe de Sixième

Douzième édition, avec une carte nouvelle et cinq cartes refaites

---

PARIS
MASSON ET Cᴵᴱ, ÉDITEURS
120, BOULEVARD SAINT-GERMAIN

—

1910

Tous droits de traduction et de reproduction réservés pour tous pays.

CARTES D'ÉTUDE

pour servir à l'Enseignement

DE L'HISTOIRE ET DE LA GÉOGRAPHIE

HISTOIRE. — ANTIQUITÉ

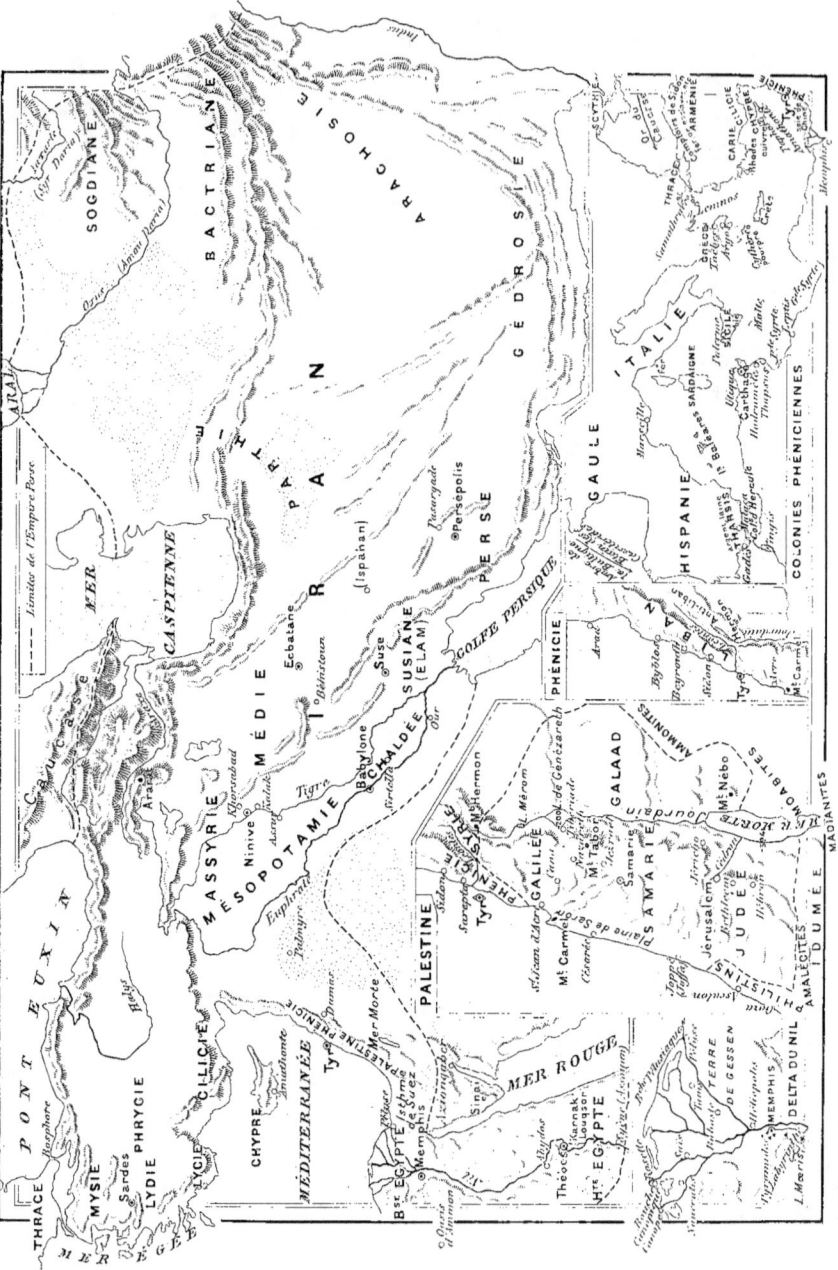

ORIENT

E. SIEURIN.

Masson et C⁰, éditeurs

Sieurin, del.

ILLYRIE

MACÉDOINE

Pella

Axios

Therma

Strymon

M.ᵗ Pangée

Amphipolis

CHALCIDIQUE

Cañal de Xerxès

Golfe

Haliacmon

PIÉRIE

Olynthe

Potidée

M.ᵗ Athos

M.ᵗ Camouniens

M.ᵗ Olympe

Corcyre

Dodone

CHAINE DU PINDE

ÉPIRE

M.ᵗ Ossa

Golfe Thermaïque

MAGNÉSIE

Pénée

Larisse

THESSALIE

M.ᵗ Pélion

Paxos

G. d'Ambracie

Actium

Achéloüs

ACARNANIE

Golfe

Pagasétique

PHTIOTIDE

M.ᵗ Othrys

C. Artémisium

Leucade

ÉTOLIE

MALIDE

M.ᵗ Œta

G. Maliaque

Thermopyles

Euripe

EUBÉE

Ithaque

DORIDE

PHOCIDE

LOCRIDE

Parnasse

LOCRIDE

Delphes

L. Copaïs

Céphallénie

M.ᵗ Hélicon

Thèbes

Chalcis

Érétrie

BÉOTIE

M.ᵗ Cithéron

Parnès

M.ᵗ Pentélique

ACHAIE

Golfe de Corinthe

MÉGARIDE

ATTIQUE

ATHÈNES

Hymette

Zacynthe

Elis

Pénée

M.ᵗ Érymanthe

Corinthe

L. Stymphale

Golfe

Égine

Saronique

Laurium

C. Sunium

MER

ÉLIDE

ARCADIE

ARGOLIDE

Olympie

Alphée

Mantinée

Argos

Trézène

IONIENNE

PÉLOPONÈSE

G. d'Argolide

Messène

M.ᵗ Parnon

MESSÉNIE

Sparte

I. Sphactérie

Pylos

M.ᵗ Taygète

LACONIE

I. Milos

G. de Messénie

G. de Laconie

C. Malée

MASSON et Cⁱᵉ éditeurs. SIEURIN, del

Echelle

0 10 20 40 60 80 Kil.

C. Ténare

I. Cythère

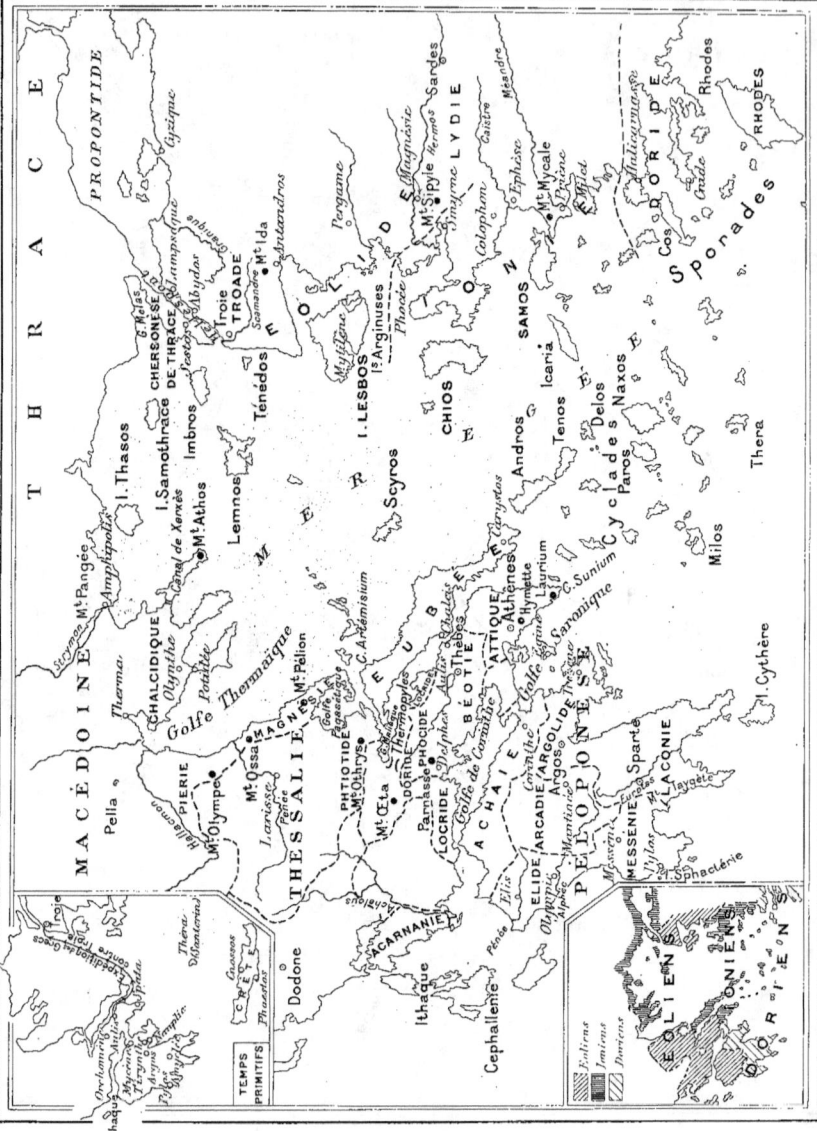

TEMPS PRIMITIFS

Masson et Cie, éditeurs.

E. SIEURIN.

COLONIES GRECQUES

CARTE N° 4

SIEURIN, del

GAULE

ESPAGNE

THARSIS

Hémérocampé
Mænaca
Colonnes d'Héraclès
Calpé
Sagonte
Hémérocampé
Nice
Adros
Nicæa
Antibes
Marseille
Rhodæ
Emporium

MER ADRIATIQUE

Epidamne
Apollonia
Lissus
Istrie
Pharos
Ancône
Tragurium
Epidaure
Salone

GRANDE GRÈCE
SICILE

Cumes
Naples
Posidonie
Vélie
Locres
Crotone
Caulon
Syberis
Métaponte
Tarente
Héraclée
Messine
Catane
Géla
Agrigente
Syracuse
Camarine

MER IONIENNE

Corcyre
Leucade
Céphallénie
Zacynthe
Cythère

HELLADE
GRÈCE
ÉPIRE
THESSALIE
Ambracie
Apollonia
Pydna
Amphipolis
Olynthe
Potidée
Larissa
Mégare

MACÉDOINE
THRACE
Byzance
Bosphore
Apollonie
Ister

PONT EUXIN

Olbia
Tyras
Istrie
Héraclée
CHERSONÈSE
TAURIQUE
Théodosie
Panticapée
COLCHIDE
Tripezus
PONT
Hellé

MER ÉGÉE
Lemnos
Lesbos
I. Eubée
Chios
Athènes
ÉOLIE
IONIE
DORIDE
Samos
Cos
Rhodes
CHYPRE
Salamis
Paphos
Carpathos

MÉDITERRANÉE

CRÈTE
Cythère
Apollonia
Cyrène
Bérénice
Naucratis

Masson et Cⁱᵉ, éditeurs

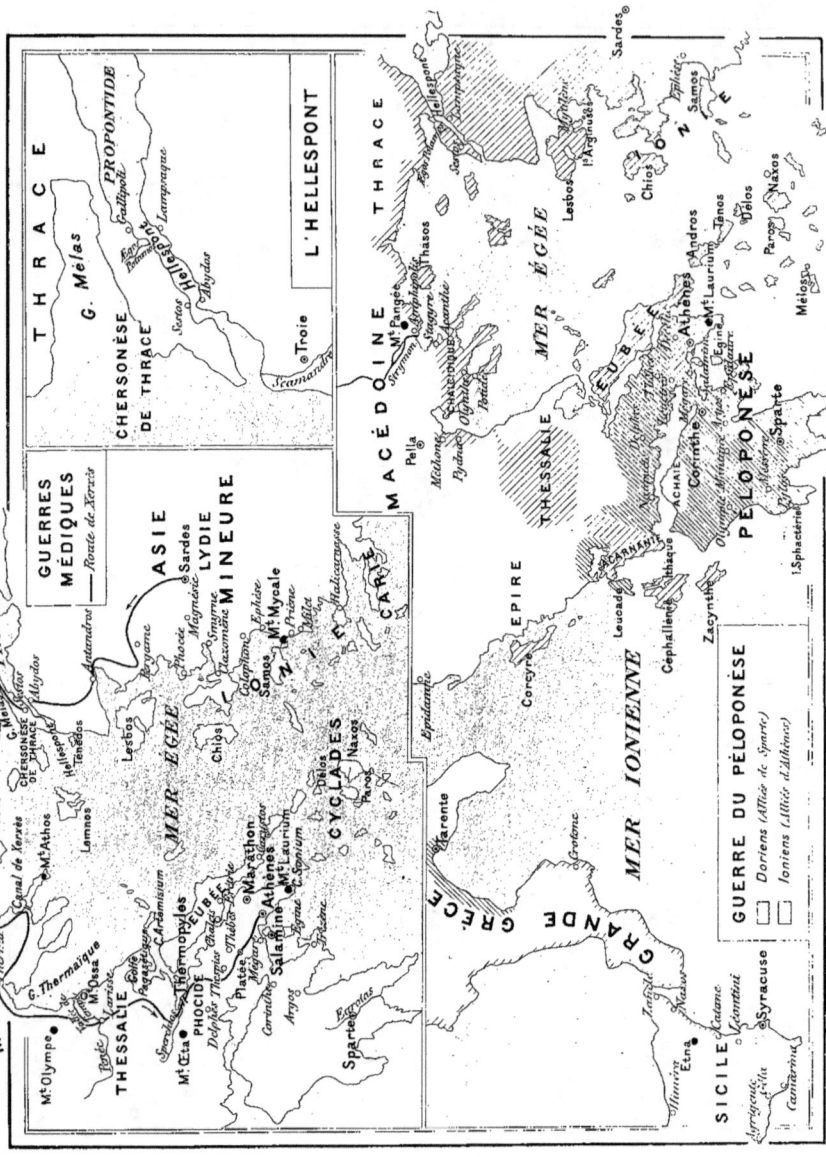

Sieurin, del.

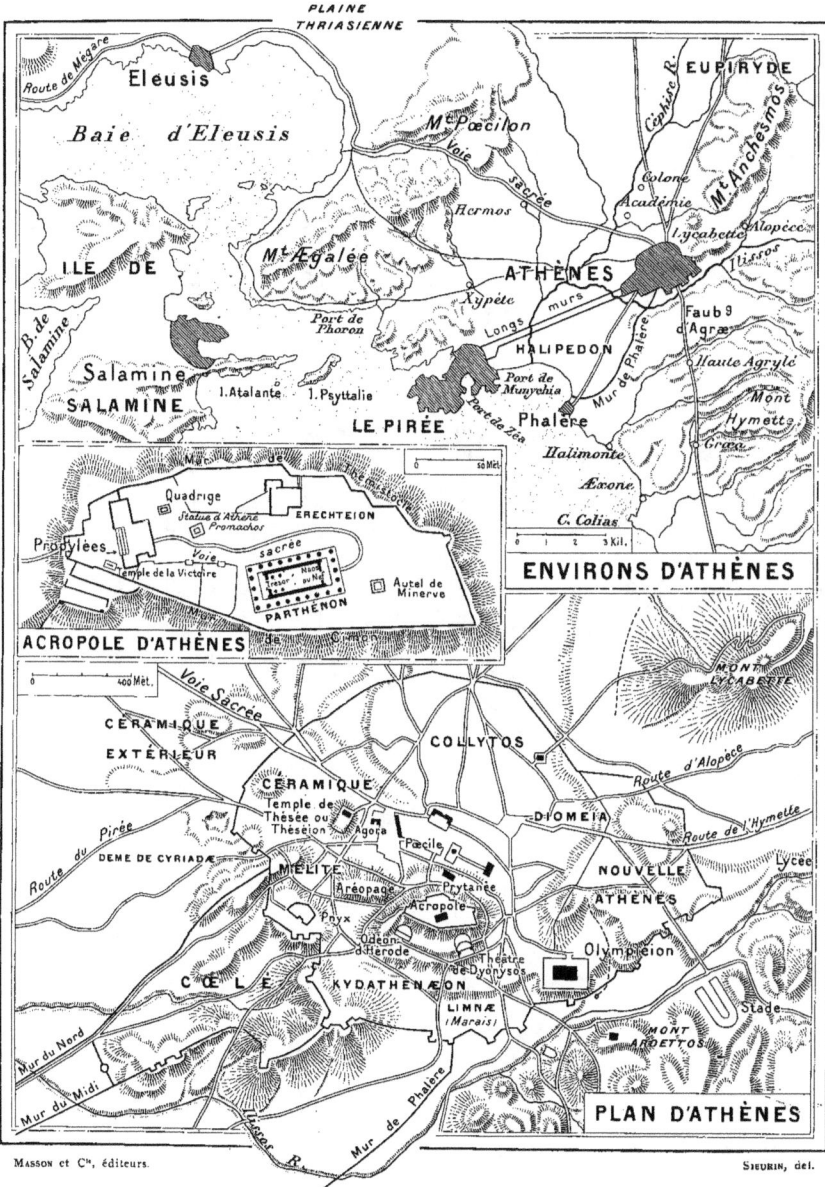

PLAINE
THRIASIENNE

Route de Mégare

Eleusis

Baie d'Eleusis

M.^t Pœcilon

EUPIRYDE

Céphise R.

Mt Anchesmos

Voie sacrée

Hermos

Colone
Académie

Lycabette Alopèce

ILE DE

Mt Egalée

ATHÈNES

Ilissos

B. de Salamine

Salamine

Xypète

Longs murs

Faub.^g d'Agræ

Port de Phoron

HALIPEDON

Haute Agrylé

Port de Munychia

Mur de Phalère

Mont Hymette

SALAMINE

1. Atalante

1. Psyttalie

Port de Zea

Phalère

Halimonte

Græa

LE PIRÉE

Æxone.

C. Colias

ENVIRONS D'ATHÈNES

Mur de

Théristos

0   50 Mét.

Quadrige

Statue d'Athéné Promachos

ERECHTEION

Prodylées

Voie

Temple de la Victoire

sacrée

Temple ou Mur

0   1   2   3 Kil.

Autel de Minerve

PARTHÉNON

Mur

de

C.

ACROPOLE D'ATHÈNES

0   400 Mét.

Voie Sacrée

MONT LYCABETTE

CÉRAMIQUE EXTÉRIEUR

COLLYTOS

Route d'Alopèce

CÉRAMIQUE

Temple de Thésée ou Théséion

DIOMEIA

Route de l'Hymette

Route du Pirée

Agora

Pœcile

DEME DE CYRIADÆ

MÉLITE

Aréopage

Prytanée

NOUVELLE ATHÈNES

Lycée

Acropole

Pnyx

CŒLE

Odéon d'Hérode

Théâtre de Dyonysos

Olympieion

KYDATHÉNÆON

LIMNÆ (Marais)

Stade

Mur du Nord

MONT ARDETTOS

Mur du Midi

Ilissos R.

Mur de Phalère

PLAN D'ATHÈNES

MASSON et Cie, éditeurs.   SIEURIN, del.

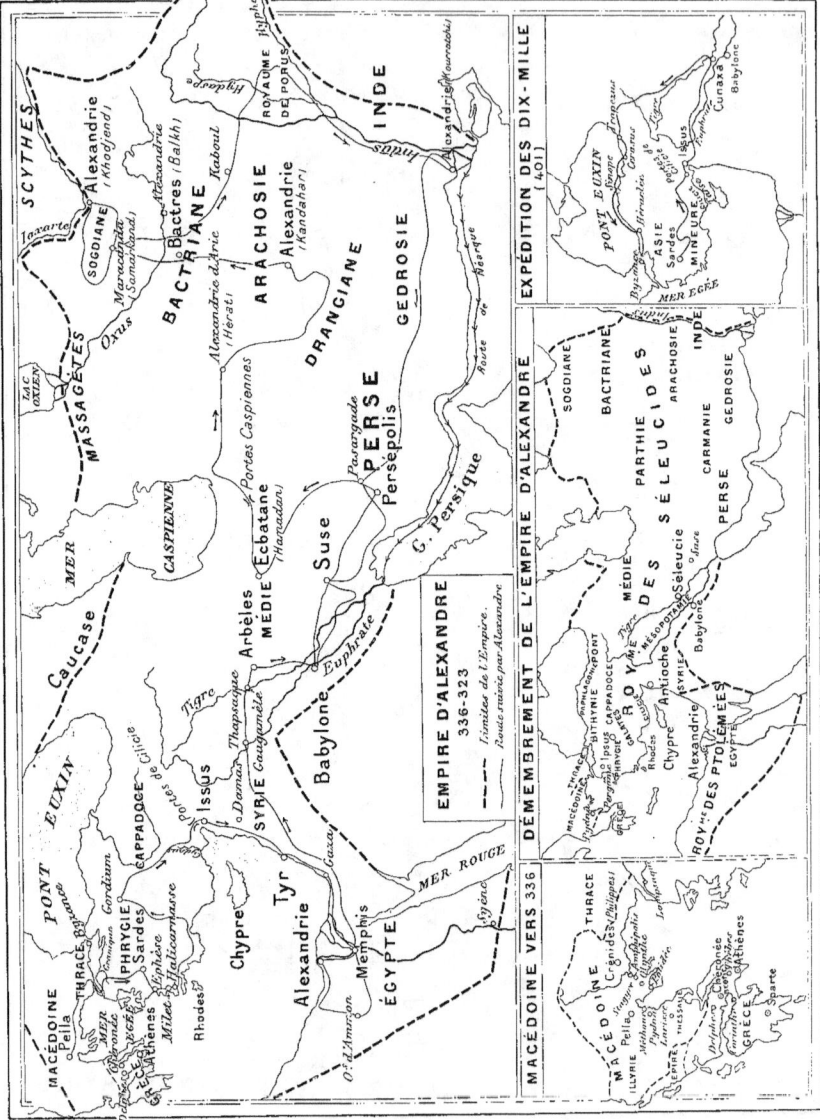

EMPIRE D'ALEXANDRE

PONT EUXIN

MACÉDOINE
Pella

THRACE Byzance

MER ÉGÉE
GRÈCE
Athènes

PHRYGIE
Gordium
Sardes
Éphèse
Milet
Rhodes
Halicarnasse

CAPPADOCE

Cilicie
Portes de Cilicie

Issus

Chypre

Tyr

Alexandrie
Memphis

ÉGYPTE

O. d'Ammon

Syène

MER ROUGE

Damas
Thapsaque
Arbèles
Gaugamèle
SYRIE

Babylone

Euphrate

Tigre

MER CASPIENNE

Caucase

TRAC OXUS

MASSAGÈTES

MER

Oxus
Iaxarte

SCYTHES

SOGDIANE
Maracande
(Samarkand)
Alexandrie
(Khodjend)

Alexandrie d'Arie
(Hérat)

BACTRIANE
Bactres (Balkh)
Alexandrie

Kaboul

ARACHOSIE
Alexandrie
(Kandahar)

DRANGIANE

Portes Caspiennes

MÉDIE
Ecbatane
(Hamadan)

Suse

PERSE
Pasargade
Persépolis

Route de Bérose

GEDROSIE

INDE

ROYAUME
DE PORUS

Indus

Hydaspe

Alexandrie

G. Persique

**EMPIRE D'ALEXANDRE
336–323**

--- --- Limites de l'Empire.
----- Route suivie par Alexandre.

MACÉDOINE VERS 336

MACÉDOINE
Pella
ILLYRIE
THRACE

GRÈCE

Athènes
Sparte

DÉMEMBREMENT DE L'EMPIRE D'ALEXANDRE

MACÉDOINE
THRACE
PONT
BITHYNIE
CAPPADOCE
PHRYGIE
CILICIE
Rhodes
Chypre
Antioche
SYRIE
Séleucie
Babylone
MÉSOPOTAMIE

ROYAUME DES SÉLEUCIDES

SOGDIANE
BACTRIANE
MÉDIE
PARTHIE
ARACHOSIE
INDE
CARMANIE
PERSE
GEDROSIE

Alexandrie
ÉGYPTE
ROYᵗᵉ DES PTOLÉMÉES

EXPÉDITION DES DIX-MILLE
(401)

PONT EUXIN

Byzance
Sardes
ASIE MINEURE

MER ÉGÉE

Cunaxa
Babylone

Masson et Cⁱᵉ, éditeurs

Sieurin, del

ROME ANCIENNE

Cirque d'Adrien
Camp des Prétoriens
M¹ Vatican
Tombeau d'Augustus
Cirque de Néron
Mausolée d'Adrien
Thermes de Dioclétien
CHAMP DE MARS
Tibre
Thermes Constantin
Panthéon d'Agrippa
Colonne
MONT JANICULE
QUIRINAL
VIMINAL
MONT PINCIO
ESQUILIN
Thermes de Titus
Suburra
MONT CAPITOLE
ROME
MONT PALATIN
COLISÉE
Forum
MONT CÆLIUS
Pont Sublicius
Cirque Maxime
Bassin pour les Naumachies
MONT AVENTIN
Voie Aurélienne
Thermes de Caracalla ou d'Antonin

Mur de Servius Tullius
Mur d'Aurélien

GAULE CISALPINE
LIGURIE
Venètes
Pº St Bernard
Pô
Ticin
Trébie
Gênes
Rubicon R.
ETRURIE
Florence
Arno
Sentinum
OMBRIE
Lac Trasimène
Clusium
Tarquinies
PICENUM
SABINE
Allia
Véies
Céré
ROME
Ostie
Tusculum
LATIUM
Lavinium
Albe
Marais Pontins
Minturne
SAMNIUM
Lucérie
APULIE
Cannes
Capoue
Bénévent
Asculum
Métaponte
Caudium
CAMPANIE
Cumes
Naples
Pompéi
L'Caprée
LUCANIE
Tarente
Métaponte
Héraclée
Sybaris
CALABRE
BRUTIUM
Crotone

CORSE
Olbia
SARDAIGNE

MER TYRRHÉNIENNE

Myles
Zancle
Rhégium
SICILE
Sélinonte
Agrigente
Gela
Syracuse

LATIUM

ETRURIE
Sabins
Véies
Voie Valérienne
Veiens
M¹ Sacré
L. Fucin
Tibre
Rome
Tibur
Préneste
Eques
L. Régille
Marses
M¹ Albain
Herniques
Arpinum
Ostie
Corioles
Albe-la-Longue
Lavinic
Vélitra
Voie Latine
Ardée
Volsques
Antium
Marais Pontins
Terracine
Minturne

LE CAPITOLE ET LE FORUM

Colonne Trajane
Arc de Triomphe de Titus
M¹ Capitolin
Temple de Jupiter
CAPITOLE
Sénat
Temple de Janus
Basilique
Forum
Basilique Julia
Roche Tarpéienne
T. de Vesta

MASSON et Cⁱᵉ, éditeurs.

SIEURIN, del.

E. SIEURIN.

CONQUÊTES SOUS LA RÉPUBLIQUE

CARTE Nᵒ 9

GAULE ANCIENNE

Bretons
GERMAINS
Suèves
Nerviens
BELGES Trévires
Rèmes
Armorique
Vénètes Carnutes
CELTES
ÉDUENS
Arvernes
Séquanes
Lingons
Allobroges
AQUITAINS
PROVINCE OU ROMAINE
Marseille

GERMANIE
M. BALTIQUE
BRETAGNE
GAULE
BELGIQUE
Rhin
Alésia
Bourges
GAULE TRANSALPINE
Aquitaine
GAULE CISALPINE
Marseille
Narbonne
ESPAGNE
Sagonte
Carthagène
Gadès
Nice
CORSE
SARDAIGNE
Rome
DALMATIE
MACÉDOINE
ARMÉNIE
BITHYNIE
GALATIE
CAPPADOCE
ASIE
LYCIE
SYRIE
Jérusalem
CHYPRE
Rhodes
CRÈTE
CYRÉNAÏQUE
Alexandrie
ÉGYPTE
SICILE
Carthage
Syracuse
Îles Egates
NUMIDIE
AFRIQUE
Tripoli
Danube

CARTHAGE
Sebkha er Ruan
Faubourg de Mégara
Byrsa
Temple d'Esculape
MER INTÉRIEURE
LAC DE TUNIS (Tunis)

Rome vers l'an 200 avant J.C.(armée de Rome 550)
Rome vers l'an 100 avant J.C. (armée de Rome 650)
Rome en l'an 31 avant J.C. (avènement d'Auguste)
Marche d'Annibal

Sieurin, del.

Masson et Cᵉ, éditeurs.

E. SIEURIN.

CONQUÊTES SOUS L'EMPIRE

EMPIRE ROMAIN
à la mort de Théodose
395
Empire d'Occident
Empire d'Orient

PR. D'ILLYRIE

PR. D'ITALIE

PR. D'ORIENT

PR. DES GAULES

HIBERNIE

CALÉDONIE

Mur d'Antonin

Mur d'Adrien

BRETAGNE

GAULE

GERMAINS

SARMATES

HUNS

F. de Teutobourg

Aliso

Rhin

Chérusques

Elbe

Marcomans

MARCOMANS

Ratisbonne

QUADES

Vienne

Milan

Strasbourg

DACIE

Pont de Trajan

Danube

Aquilée

Rome

Salone

Achaïa

Andrinople

THRACE

Byzance

PONT-EUXIN

PONT

ARMÉNIE

GALATIE

CAPPADOCE

PARTHES

Séleucie

Euphrate

LYCIE

Jérusalem

Alexandrie

ÉGYPTE

ESPAGNE

MAURÉTANIE

NUMIDIE

AFRIQUE

Carthage

Tingis

Rome en l'an 31 av. J.C. (à l'avènement d'Auguste).
Conquêtes sous Auguste (31 av. J.C.-14 ap. J.C.).
Rome à la mort de Trajan (117 ap. J.C.).
Rome vers l'an 200 ap. J.C. (Année de Rome 950).

Masson et Cⁱᵉ, éditeurs.

SIEURIN, del.

E. SIEURIN. EMPIRE ROMAIN ET BARBARES VERS 395 (AVANT LES INVASIONS) CARTE N° 11

MER CASPIENNE

HUNS

Hongrois

Bulgares

ARMÉNIE
Perses

Volga

Marche des Huns

Alains

Hérules

Ostrogoths

Sarmates ou Slaves

Dnieper

Wisigoths

Gépides

Résidence d'Attila

PANNONIE

Vandales

DACIE

ILLYRIE

Danube

MER NOIRE

PONT

CONSTANTINOPLE
Nicomédie

THRACE

MACÉDOINE
Andrinople

ÉPIRE

ASIE

SYRIE
Palmyre

PALESTINE

ORIENT

CYRÉNAIQUE

Alexandrie

ÉGYPTE

Arabes

MER BALTIQUE

Jutes
Angles
Saxons
Frisons
Suèves
Thuringiens
Francs
Burgondes

Lombards
Marcomans
Quades
NORIQUE

GERMAINS

Rhin

RHÉTIE

GAULE

Trèves
Lutèce
Orléans
Troyes
Châlons

GRANDE BRETAGNE

OCÉAN ATLANTIQUE

ESPAGNE

ITALIE

ROME
Tombeau d'Alaric (410)

Carthage

AFRIQUE

MAURITANIE

Golfe de Syrte ou Gr. Syrte

Pte Syrte

Masson et Cie, éditeurs.

Sieurin, del

Légende :
▬▬ Marche des Wisigoths
+▬+ Marche d'Attila
----- Limites de l'Empire romain
✛✛✛ Limites de l'Empire d'Orient et de l'Empire d'Occident

GÉOGRAPHIE

Géographie générale,

Amérique, Australasie.

Comète de Halley. Rév. en 75 jours.

Neptune
Rév.ⁿ en 164ᵃ 280ʲ

Mars
Rév.ⁿ en 1ᵃ 322ʲ

Uranus
Rév.ⁿ en 84ᵃ 7ʲ

Comète d'Encke
Rév. en 3ᵃ 105ʲ

Vénus
Rév.ⁿ en 225ʲ

Saturne
Rév.ⁿ 29ᵃ 167ʲ

Mercure
Rév. en 88ʲ

Mars
LE SOLEIL

DIMENSIONS
DU SOLEIL
Rayon = 108 fois celui de la Terre
Volume = 1300 000

la Terre
Rév. en 1ᵃⁿ du 365ʲ ¼
Distance au Soleil : 37 millions de lieues.

Jupiter
Rév. en 11ᵃ 315ʲ

Petites Planètes

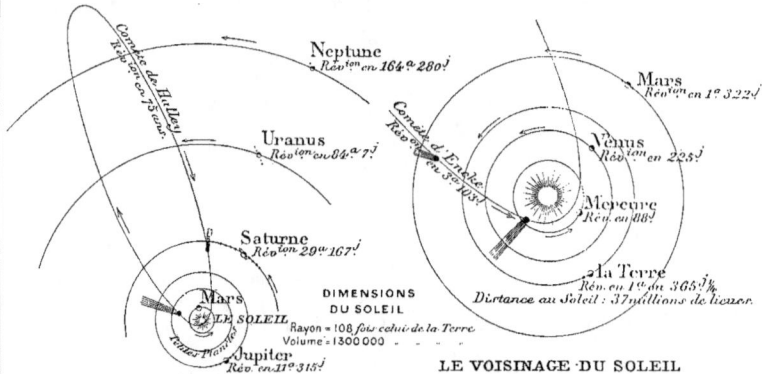

LES LOINTAINES PLANÈTES
Echelle des Distances : 1ᵐᵐ pour 20 millions de lieues.

LE VOISINAGE DU SOLEIL
Echelle : 1ᵐᵐ pour 2 millions de lieues.

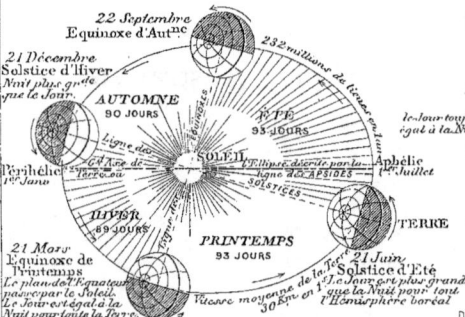

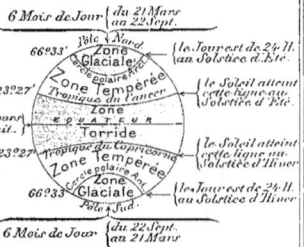

22 Septembre
Equinoxe d'Aut.ⁿᵉ

21 Décembre
Solstice d'Hiver
Nuit plus grde que le Jour.

AUTOMNE
90 JOURS

232 millions de lieues environ

ÉTÉ
93 JOURS

SOLEIL

Ligne des
Gd Axe de l'Ellipse décrite par la
l'Ellipse ou Terre ou ligne des APSIDES
SOLSTICES

Périhélie
1ᵉʳ Janv.

Aphélie
1ᵉʳ Juillet

HIVER
89 JOURS

PRINTEMPS
93 JOURS

TERRE

21 Mars
Equinoxe de Printemps
Le plan de l'Equateur passe par le Soleil.
Le Jour est égal à la
Nuit pour toute la Terre.

Vitesse moyenne de la Terre.
30 Kil. en 1 Sec.

21 Juin
Solstice d'Été
Le Jour est plus grand
que la Nuit pour tout
l'Hémisphère boréal

RÉVOLUTION DE LA TERRE AUTOUR DU SOLEIL
Inégalité du Jour et de la Nuit. — Inégalité des Saisons.

6 Mois de Jour { du 21 Mars au 22 Sept.

66°33'   Pôle Nord   le Jour est de 24 h.
Zone   au Solstice d'Été.
Glaciale
Zone Tempérée

23°27'   Tropique du Cancer   le Soleil atteint cette ligne au Solstice d'Été.

Zone
EQUATEUR
Torride   le Jour toujours égal à la Nuit.

23°27'   Tropique du Capricorne   le Soleil atteint cette ligne au Solstice d'Hiver.

Zone Tempérée
Cercle polaire austral
66°33'   Zone Glaciale   le Jour est de 24 h.
Pôle Sud   au Solstice d'Hiver.

6 Mois de Jour { du 22 Sept. au 21 Mars

ZONES TERRESTRES

DIMENSIONS DE LA TERRE
Diamètre (à l'équateur) : 12 755 Kil.
Circonférence : 40 000 Kil.
Superficie : 510 Millions de Kil. carrés.

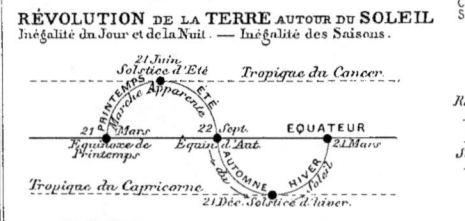

21 Juin
Solstice d'Été   Tropique du Cancer

PRINTEMPS   ÉTÉ
Marche Apparente

21 Mars   22 Sept.   EQUATEUR
Equinoxe de   Equin. d'Aut.   21 Mars
Printemps   AUTOMNE   HIVER
du Soleil

Tropique du Capricorne
21 Déc. Solstice d'Hiver.

MARCHE APPARENTE DU SOLEIL

Rayons
du
Soleil

EQUATEUR

LE JOUR ET LA NUIT

Masson et Cⁱᵉ, éditeurs.   Sieurin, del.

LES ÉCLIPSES

SOLEIL

Eclipse de Soleil | Jour | Eclipse de Lune
LUNE | TERRE | LUNE
se produit à la | Nuit | se produit à la
N^{elle} Lune | | Pleine Lune

Rayons
du
Soleil

Dernier Quartier

Orbite apparente de la Terre

TERRE

N^{elle} Lune | Pleine Lune

Rayons
du
Soleil

Lune vue

Orbite | de la Lune

1er Quartier

PHASES DE LA LUNE

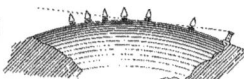

SPHÉRICITÉ DE LA TERRE
L'ombre de la Terre sur la Lune
durant une Eclipse est circulaire.

CONVEXITÉ DE LA TERRE

VERSAILLES | PARIS
Scéaux
Echelle
$\frac{1}{2.000.000}$
Corbeil
MELUN

PARIS
Parallèle de 55° Lat. | Moscou
Occidentale | 180° | Moscou
Equateur | Equateur
Longitude | Orientale
Méridien de Moscou de 30°
90°

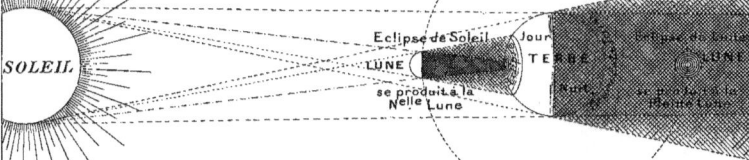

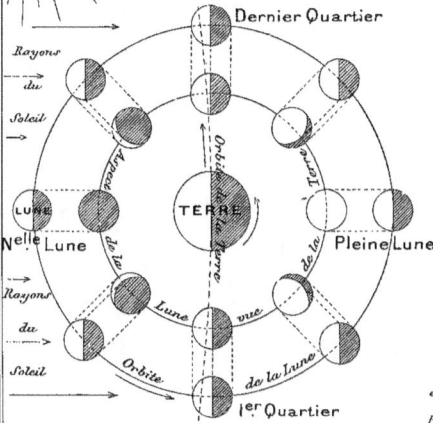

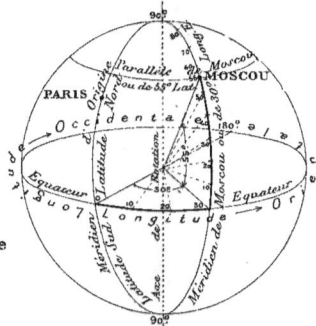

LONGITUDE ET LATITUDE

La position géographique d'un point sur le globe
est déterminée par sa Longitude et sa Latitude.
La longitude d'un point est l'Arc d'équateur com-
pris entre le méridien de ce point et un autre méridien pris pour origine, celui de Paris, par exemple.
Ex. longitude de Moscou=30°.
La latitude d'un point est la distance qui sépare
ce point de l'équateur; cette distance est comptée
en degrés le long du méridien du point.
Ex. latitude de Moscou=55°.

RAYON DE LA TERRE = 6370 Km.
" " " LUNE = 1742 Km.
RAYON DE L'ORBITE LUNAIRE $\begin{cases} = 60 \text{ Rayons Terrest.} \\ = 384.000 \text{ Km.} \end{cases}$

L'ARC D'UN DEGRÉ = 111 Kil. 111 m
LA LIEUE MARINE = 3 Minutes = 5555m.55
LE MILLE MARIN = 1 Minute = 1851 m.85
LE NŒUD = ½ Seconde = 15m.43

ECHELLES

L'échelle d'une carte, c'est le rapport entre la distance de 2 points
mesurée sur cette carte et la distance réelle de ces 2 points mesurée
sur la Terre. — Le rapport des surfaces s'obtient en élevant au carré
le rapport des longueurs.
Soit une carte à l'échelle de $\frac{1}{2.000.000}$
Ceci veut dire qu'une longueur de 1 centimètre sur le papier correspond
à une longueur de 2 millions de centimètres ou 20 Kilomètres sur le
globe.
Et que par conséquent 1 centimètre carré sur la carte représente
2.000.000 × 2.000.000 = 400 Kil. carrés de la surface réelle.

MASSON et Cie, éditeurs. SIEURIN, del.

LES CONTINENTS

OCÉAN GLACIAL ARCTIQUE

Cercle polaire arctique

EUROPE

ANCIEN CONTINENT

ASIE

Tropique du Cancer

ARABIE

AFRIQUE

Équateur

OCÉAN INDIEN

Tropique du Capricorne

OCÉANIE

AUSTRALIE

INDE

INDO CHINE

GUINÉE

Bornéo

Méridien de Paris

OCÉAN ATLANTIQUE

Cap Bonne-Espérance

OCÉAN

Cercle polaire arctique

AMÉRIQUE DU NORD

NOUVEAU CONTINENT

Tropique du Cancer

Équateur

AMÉRIQUE DU SUD

Tropique du Capricorne

OCÉAN PACIFIQUE

C. Horn

VOLCANS DU PÔLE SUD

Erebus

T. Ballény

SUPERFICIE COMPARÉE DES CONTINENTS

Millions de Kilomètres carrés

5 10 15 20 25 30 35 40(millions)

1 — Europe 10 Millions
2 — Asie 42 Millions
3 — Afrique 30 Millions
4 — Amérique 32 Millions
5 — Océanie 8 Millions

Superficie du globe : 510 millions de Kil.car.
— des Terres : 135 —
— » mers : 375 —

Distribution géographique des Volcans et des Récifs coraux

OCÉAN ATLANTIQUE

AFRIQUE

AMÉRIQUE DU NORD

AMÉRIQUE DU SUD

OCÉAN PACIFIQUE

Kamtchatka

Philippines

Nlles Hébrides

Samoa

I. Marquises

NLLE ZÉLANDE

AUSTRALIE

Sumatra

Mer Moyenne

Méditerranée

Açores

● Volcans
○ Atolls

Différentes formes de récifs corallifères.

Atoll régulier   Atoll complet

Sieurin, del.

Masson et Cie, éditeurs.

MARCEL DUBOIS & SIEURIN.

LE RELIEF

OCÉAN GLACIAL ARCTIQUE

OCÉAN ATLANTIQUE

OCÉAN PACIFIQUE

OCÉAN INDIEN

AMÉRIQUE DU NORD

AMÉRIQUE DU SUD

AFRIQUE

ASIE

EUROPE

AUSTRALIE

GROENLAND

SIBÉRIE

BRÉSIL

CHILI

MÉRIQUE

Cordillère des Andes

Mᵗˢ Rocheuses

M. DE BAFFIN

Baie d'Hudson

Cercle polaire arctique

Tropique du Cancer

Équateur

Antilles

C. Horn

C. de Bonne Espérance

G. de Guinée

Himalaya

Plaine de Sibérie

Rio de Janeiro

Iquique

Niveau de la mer

Fosse de Tonga (9237)

Sieurin, del.

ALTITUDES

Direction des chaînes montagneuses

Moins de 200ᵐ

Plus de 2000ᵐ

Plateaux et montagnes de plus de 2000ᵐ

PROFONDEURS

0 à 200ᵐ

200 à 2000ᵐ

2000 à 4000ᵐ

4000 à 6000ᵐ

plus de 6000ᵐ

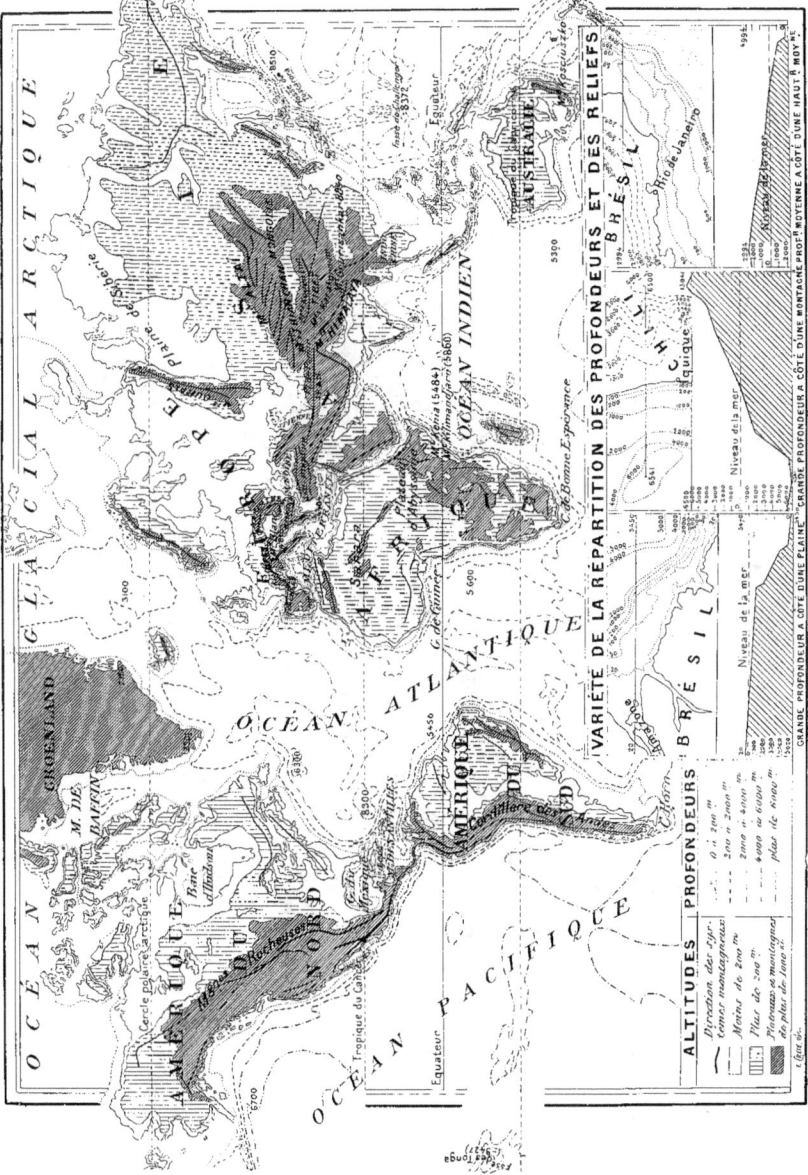

VARIÉTÉ DE LA RÉPARTITION DES PROFONDEURS ET DES RELIEFS

Niveau de la mer

GRANDE PROFONDEUR A CÔTÉ D'UNE PLAINE. GRANDE PROFONDEUR A CÔTÉ D'UNE MONTAGNE. PROF.ᵈᵉ MONTAGNE A CÔTÉ D'UNE HAUT.ᵉ MOY.ᵉ

Masson et Cⁱᵉ, éditeurs

HÉMISPHÈRE MARITIME   HÉMISPHÈRE CONTINENTAL

OCÉAN

PACIFIQUE

OCÉAN GLACIAL

Pôle Sud

DU SUD

Equateur

AUSTRALIE

INDIEN

OCÉAN

Philippines

M. de Chine

N^{lle}Guinée

de la Sonde

AMÉRIQUE DU SUD

PACIFIQUE

AMÉRIQUE DU NORD

ASIE

Mer de Behring

Mer d'Okhotsk

M. du Japon

Pôle Nord

RUSSIE

EUROPE

France

M. Méditerranée

ARABIE

MER ROUGE

OCÉAN

AFRIQUE

ATLANTIQUE

OCÉAN

INDIEN

Madagascar

AMÉRIQUE DU SUD

Equateur

G. de Guinée

C^t Vert

Islande

OCÉAN DU NORD

→→ Courants chauds
⇒⇒ Courants froids

GROENLAND

M. DE BAFFIN

Islande

LABRADOR

ASIE

AMÉRIQUE DU NORD

Oja Siwo

Kuro Siwo

Court équatorial nord

contre court équatorial

Court équatorial sud

N^{lle} Calédonie

AUSTRALIE

N^{lle} Zélande

Gulf Stream

M. DES SARGASSES

Cuba

G. DU MEXIQUE

C^t équat^l nord

Canaries

C^t des Açores

EUROPE

AFRIQUE

C^t de Guinée

AMÉRIQUE DU SUD

PÉROU

Court du Pérou

C^t Brésilien

C^t de Benguela

C^t du Cap

C^t équat^l sud

C^t du Falkland

Falkland

ASIE

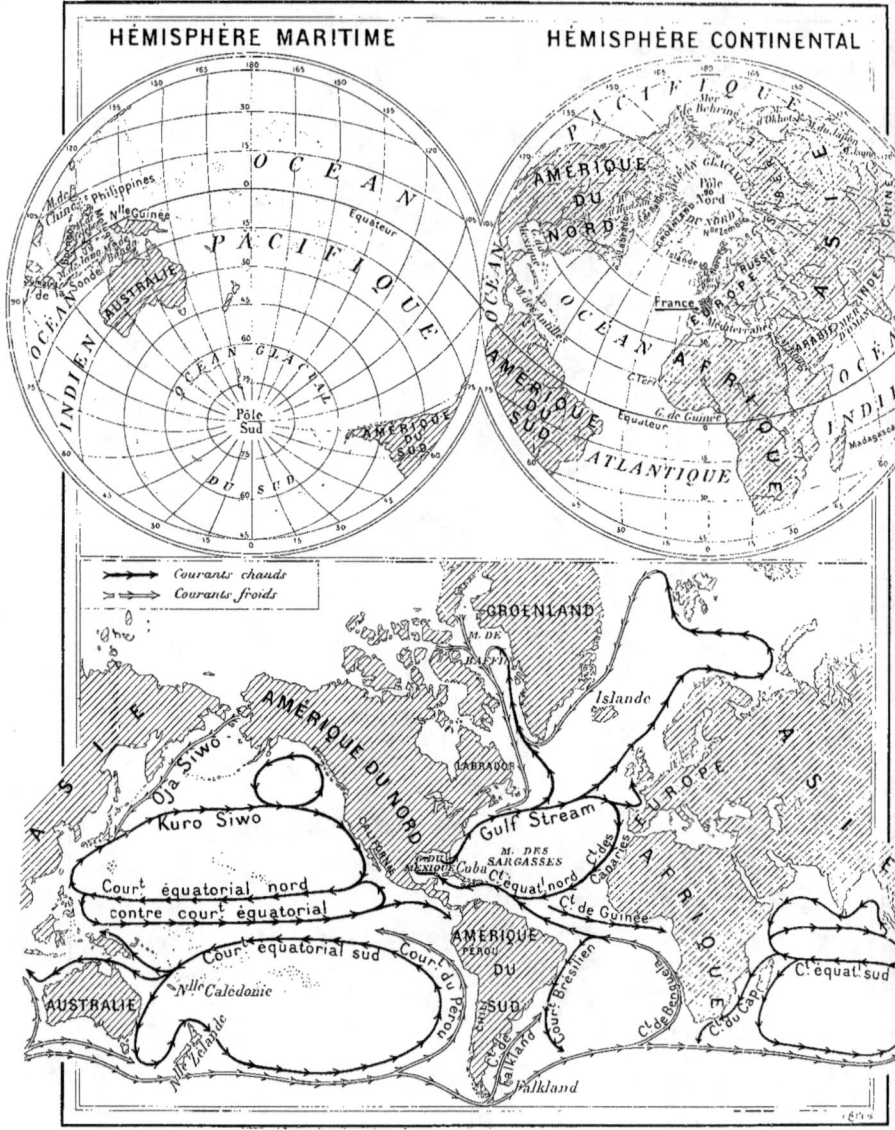

MASSON et Cie, éditeurs.   SIEURIN, del.

VENTS PÉRIODIQUES

BRISES DE TERRE | EXEMPLE DE MOUSSON | EXEMPLE DE MOUSSON
ET DE MER | CONTRASTANTE | de direction variable mais TOUJOURS HUMIDE

Brise du matin

MER TERRE

Brise du soir

ASIE
OCÉAN INDIEN
Mousson d'été (pluvieuse)

ASIE
OCÉAN INDIEN
Mousson d'hiver (sèche)

ASIE
Mousson d'hiver

ASIE
Mousson d'été

VENTS RÉGULIERS
LES ALIZÉS
GRANDS FRAIS D'OUEST
DE L'HÉMISPHÈRE AUSTRAL

Équateur

Direction sentie

Direction réelle

Sens de rotation de la Terre

LES VENTS

GROENLAND

Islande

Vents dominants du S.O.

EUROPE

OCÉAN

Alizés du N.E.

Vents S.E. et E.

AFRIQUE

AMÉRIQUE DU NORD

Couples Îs Aléoutiennes

Ouragans

ATLANTIQUE

Îs Vierges

Tornados

ASIE

Tropique du Cancer

Région des Moussons

Cyclones

Sumatra

Java

Calmes

Typhons

Îs Mariannes

Îs Carolines

Hawaï

OCÉAN PACIFIQUE

Calmes
Alizés du S.E.

AMÉRIQUE
DU
SUD

Calmes

Calmes

Alizés du S.E.

Calmes

AUSTRALIE

Îs Tonga Tropique du Capricorne

Calmes

Vents dominants du N.O.

Vents dominants du N.O.

→ Vents périodiques en été   ⇒ Vents périodiques en hiver

LIGNES D'ÉGALE OSCILLATION
DE LA TEMPÉRATURE (d'après Supan)

GROENLAND

Cercle polaire arctique

AMÉRIQUE DU NORD

ASIE

Tropique du Cancer

Équateur

OCÉAN ATLANTIQUE

OCÉAN PACIFIQUE

AMÉRIQUE
DU
SUD

OCÉAN
INDIEN

OCÉAN

Tropique du Capricorne

AUSTRALIE

OCÉAN PACIFIQUE

Climats maritimes ou de faible oscillation
----- continentaux de grande . . . .
-------------- moyenne . . . . .
----- de transition à tendances maritimes

Masson et Cⁱᵉ, éditeurs.

SIEURIN, del.

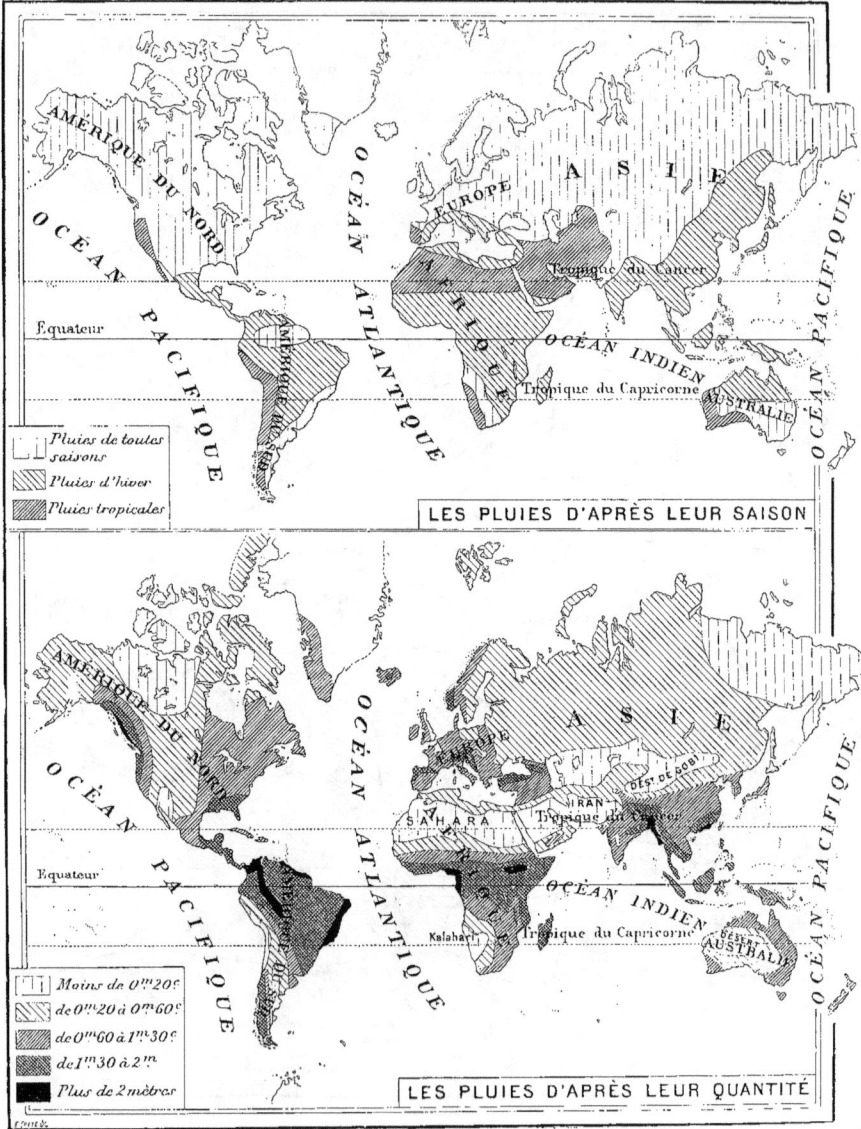

Légende (carte du haut) :

- Pluies de toutes saisons
- Pluies d'hiver
- Pluies tropicales

LES PLUIES D'APRÈS LEUR SAISON

Légende (carte du bas) :

- Moins de 0ᵐ20ᶜ
- de 0ᵐ20 à 0ᵐ60ᶜ
- de 0ᵐ60 à 1ᵐ30ᶜ
- de 1ᵐ30 à 2ᵐ
- Plus de 2 mètres

LES PLUIES D'APRÈS LEUR QUANTITÉ

Masson et Cⁱᵉ, éditeurs. Sieurin, del.

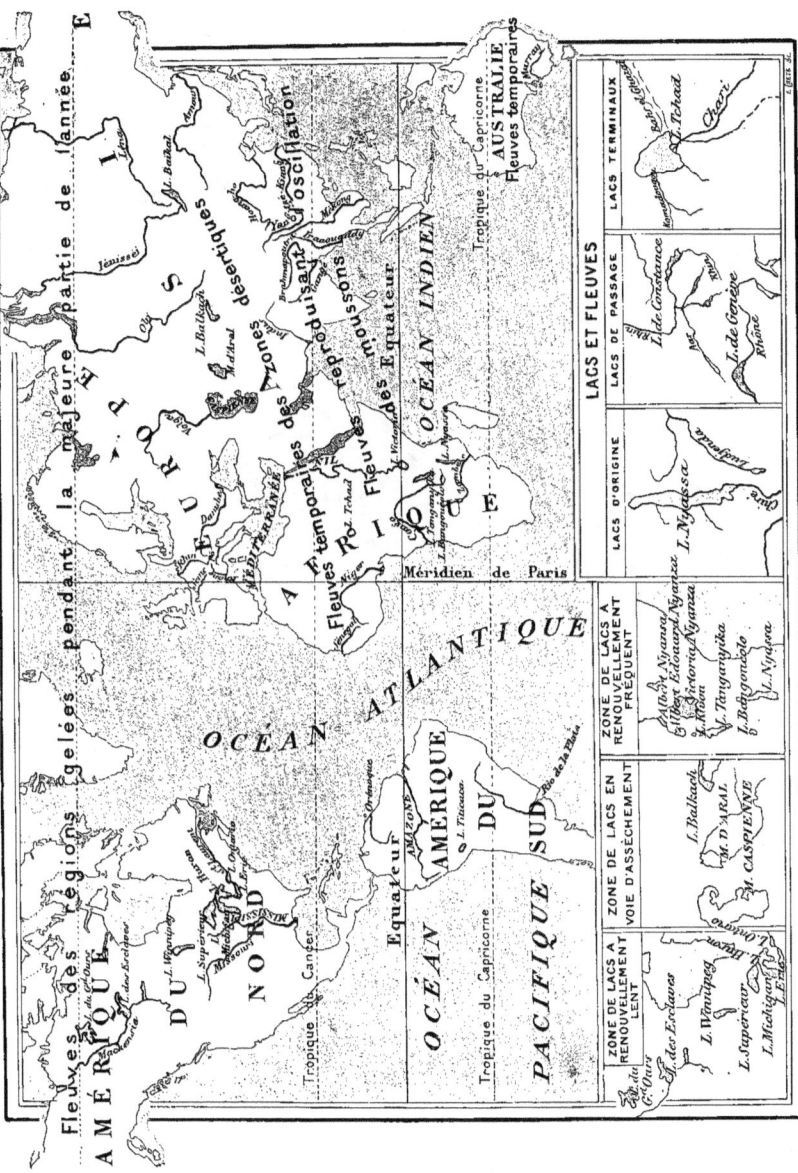

Fleuves des régions gelées pendant la majeure partie de l'année.

AMÉRIQUE

EUROPE

ASIE

AFRIQUE

AUSTRALIE
Fleuves temporaires

Zones désertiques

Fleuves temporaires des zones reproduisant l'oscillation des moussons

Fleuves de l'Équateur

OCÉAN INDIEN

MÉDITERRANÉE

Tropique du Capricorne

Méridien de Paris

OCÉAN ATLANTIQUE

AMÉRIQUE DU NORD

AMÉRIQUE DU SUD

OCÉAN PACIFIQUE

Équateur

Tropique du Cancer

Tropique du Capricorne

LACS ET FLEUVES

LACS D'ORIGINE	LACS DE PASSAGE	LACS TERMINAUX
L. Nyassa	L. de Constance L. de Genève Rhône	Tchad Chari

ZONE DE LACS A RENOUVELLEMENT LENT	ZONE DE LACS EN VOIE D'ASSÈCHEMENT	ZONE DE LACS A RENOUVELLEMENT FRÉQUENT
L. des Esclaves L. Winnipeg L. Supérieur L. Michigan L. ÉRIÉ	L. Balkach M. D'ARAL M. CASPIENNE	L. Nyanza L. Albert Edouard Nyanza L. Victoria Nyanza L. Tanganyika L. Bahr-on-ghaz L. Nyassa

MASSON et Cie, éditeurs.

Sieurin, del.

MARCEL DUBOIS & SIEURIN.

LE CLIMAT

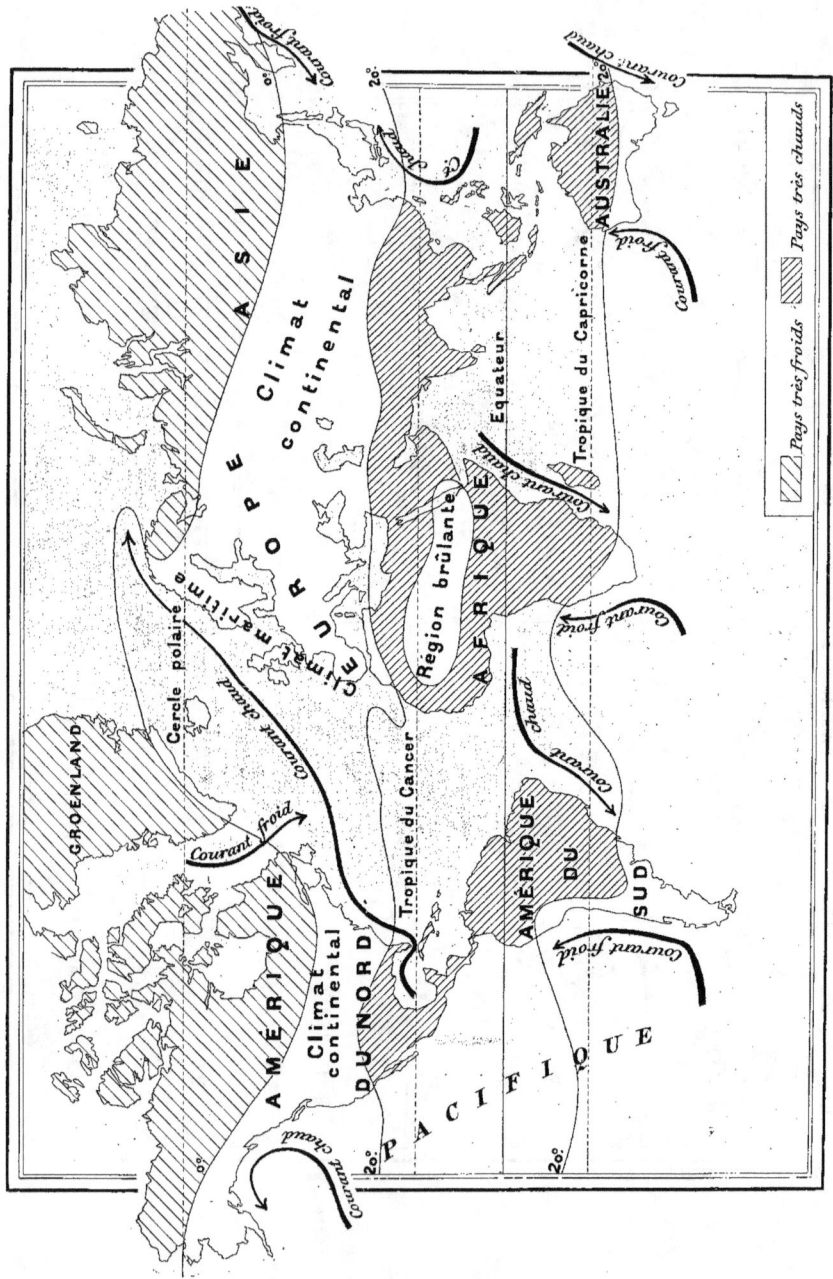

Sieurin, del

Masson et Cie, éditeurs.

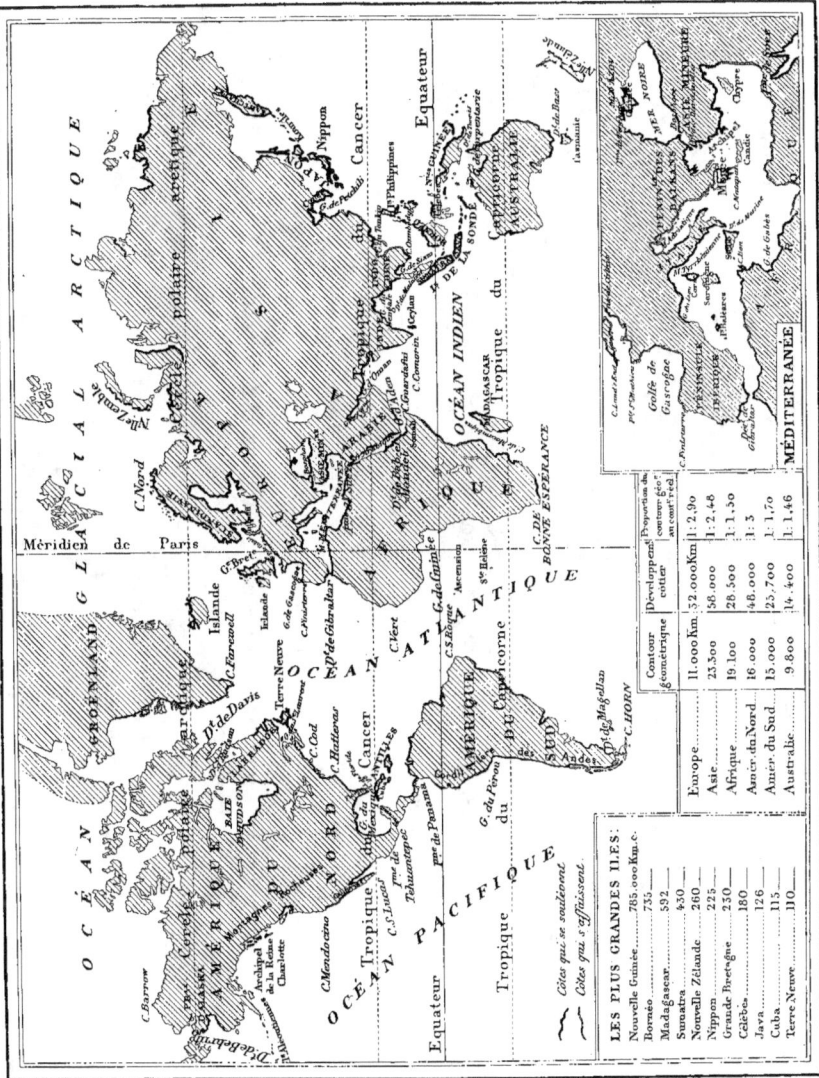

MARCEL DUBOIS & SIEURIN.

LA CÔTE

Méridien de Paris

OCÉAN GLACIAL ARCTIQUE

GROENLAND

OCÉAN PACIFIQUE

OCÉAN ATLANTIQUE

OCÉAN INDIEN

AMÉRIQUE DU NORD

AMÉRIQUE DU SUD

AFRIQUE

ASIE

AUSTRALIE

Cercle polaire arctique

Tropique du Cancer

Equateur

Tropique du Capricorne

C. Barrow — C. Prince de Galles — Archipel de la Reine Charlotte — C. Mendocino — Dt de Behring — BAIE D'HUDSON — Dt de Davis — C. Arctique — C. Nord — C. Farewell — Islande — Gde Bretagne — C. Finistère — Dt de Gibraltar — Pte St Matthieu — C. Vert — C. Blanc — Ste Hélène — G. de Guinée — C. DE BONNE ESPÉRANCE — MADAGASCAR — C. Comorin — Ceylan — C. Guardafui — SUMATRA — BORNÉO — Philippines — Nippon — Péninsule du Kamtchatka — Nlle Zemble — C. de l'Islande — Terre Neuve — C. Cod — C. Hatteras — Antilles — C. St Lucas — G. du Mexique — par de Tehuantepec — par de Panama — Pérou — Andes — G. de Magellan — Dt de Magellan — C. HORN — Nlle Guinée — Tasmanie — Nlle Zélande — Australie

Equateur

Tropique

Sieurin, del.

LES PLUS GRANDES ILES:

— Côtes qui se soulèvent.
— Côtes qui s'affaissent.

Nouvelle Guinée	785.000 Km.c.
Bornéo	735
Madagascar	592
Sumatra	430
Nouvelle Zélande	260
Nippon	225
Grande Bretagne	230
Célèbes	180
Java	126
Cuba	115
Terre Neuve	110

	Contour géométrique	Développement côtier	Proportion du contour géométrique au contour réel
Europe	11.000 Km.	32.000 Km.	1 : 2.90
Asie	23.300	58.000	1 : 2.48
Afrique	19.100	28.500	1 : 1.50
Amér. du Nord	16.000	48.000	1 : 3
Amér. du Sud	15.000	25.700	1 : 1.70
Australie	9.800	14.400	1 : 1.46

MÉDITERRANÉE

MER NOIRE — ASIE MINEURE — Chypre — Candie — C. Matapan — Corse — Sardaigne — Sicile — Détroit de Messine — C. de Gates — Gibraltar — Golfe de Gascogne — Canal St Georges

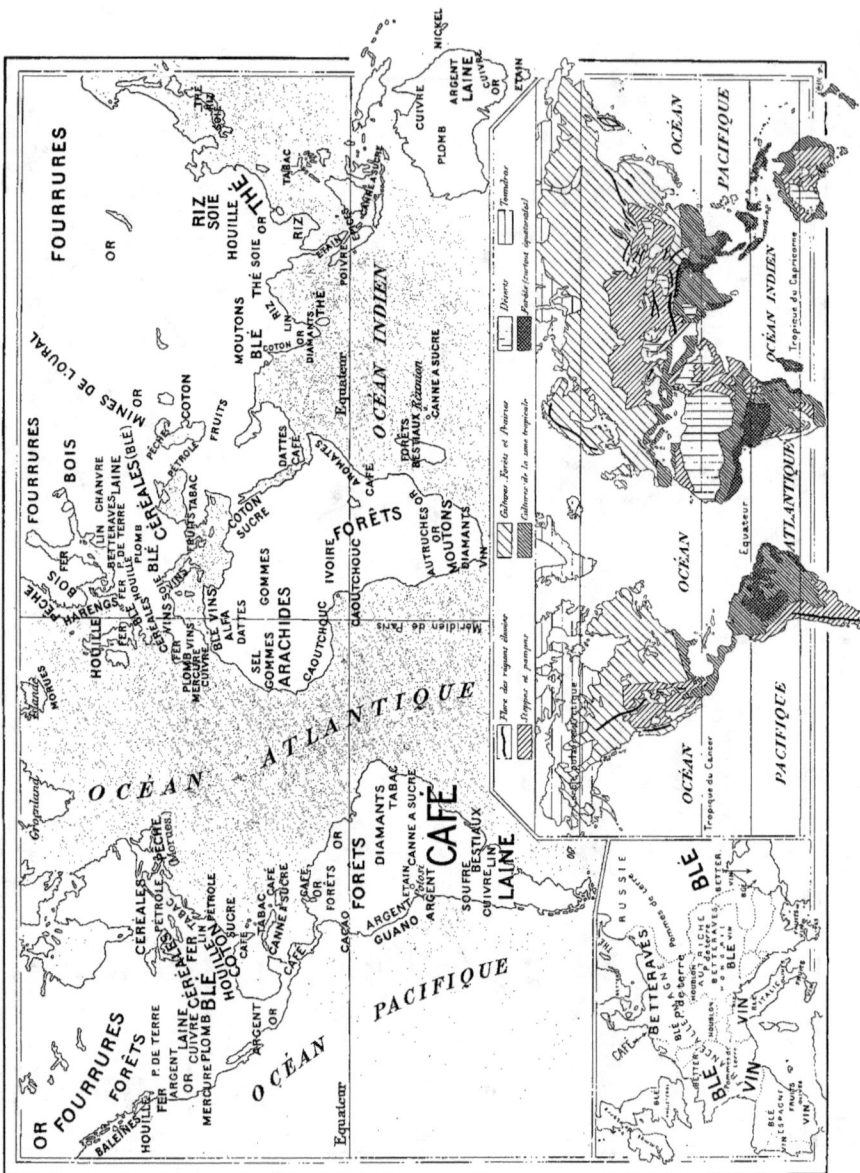

MARCEL DUBOIS & SIEURIN. **PRINCIPALES PRODUCTIONS DU GLOBE** CARTE N° 22

Masson et Cⁱᵉ, éditeurs.

Sieurin, del.

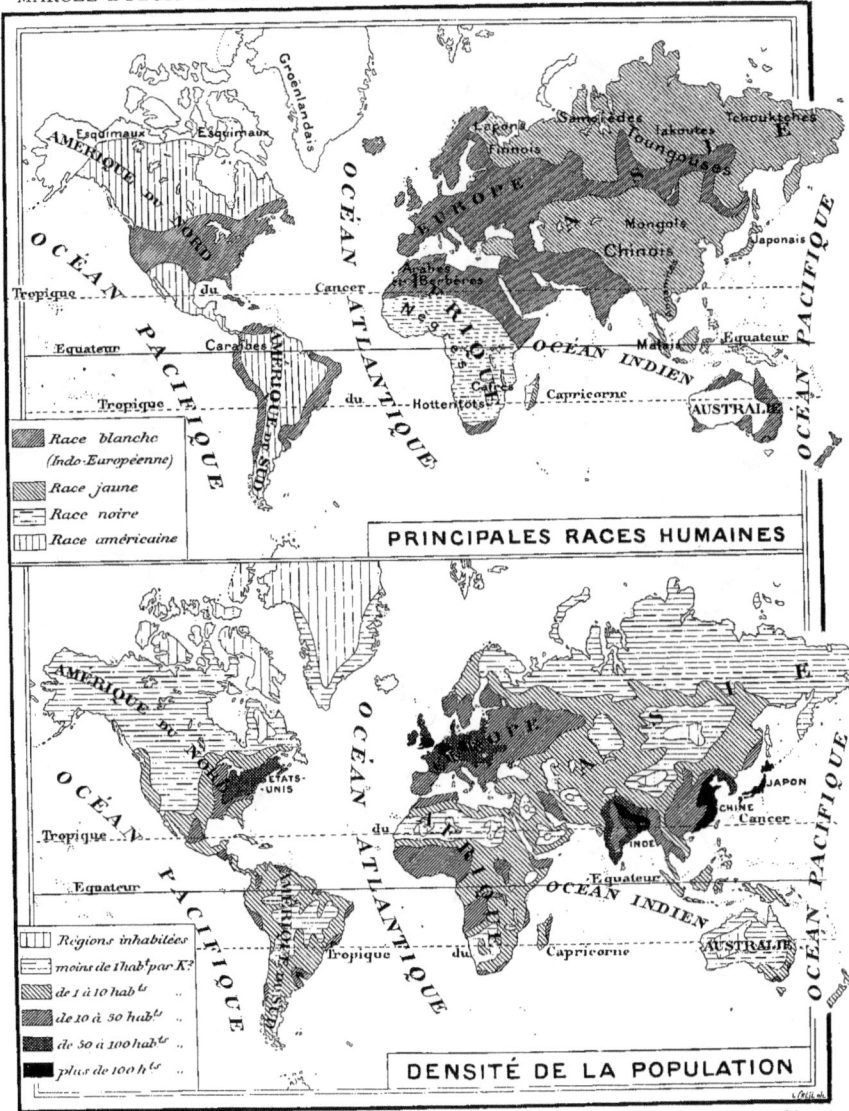

Race blanche
(Indo-Européenne)

Race jaune

Race noire

Race américaine

PRINCIPALES RACES HUMAINES

Régions inhabitées

moins de 1 hab.t par K?

de 1 à 10 hab.ts

de 10 à 50 hab.ts

de 50 à 100 hab.ts

plus de 100 h.ts

DENSITÉ DE LA POPULATION

Masson et Cie, éditeurs

Sieurin, del.

MARCEL DUBOIS & SIEURIN.

POLE NORD

LÉGENDE

- Passage du Nord-Ouest
- Passage du Nord-Est ou route de Nordenskiöld
- Nansen en mer libre
- Le Fram dans les glaces
- Route de Nansen sur la glace

OCÉAN GLACIAL ARCTIQUE

MER DE BERING

M. D'OKHOTSK

NORD DU

AMÉRIQUE DU NORD

Iles Parry

GROENLAND (au Danemark)

MER DU GROENLAND

Markham (1876)

Lockwood (1883)

Peary (1892)

Pôle Nord

Terre François-Joseph

Rencontre de Jakson (17 Juin 1896)

Perte de la Jeannette Iles de Long (13 Juillet 1881)

Iles Liakhov

Nansen quitte le Fram (14 mars 1895)

Jeannette

Parry (1827) Duc des Abruzzes (1900?)

Découverte de l'épave de la Jeannette 1884

Cap Farewell

BAIE DE BAFFIN

PASSAGE DU NORD-OUEST

DÉTROIT DE BAFFIN

Spitzberg

Tromsoë

MER DE BARENTS

MER DE KARA

Nouvelle-Zemble

PASSAGE DU NORD-EST

NORVÈGE

SUÈDE

RUSSIE

EUROPE

SIBÉRIE

Pr. de Taimyr

SIBÉRIE

Pôle Nord

St-Pétersbourg

Masson et Cie, éditeurs.

Sieurin, del.

Régions habitées

Terres inhabitées

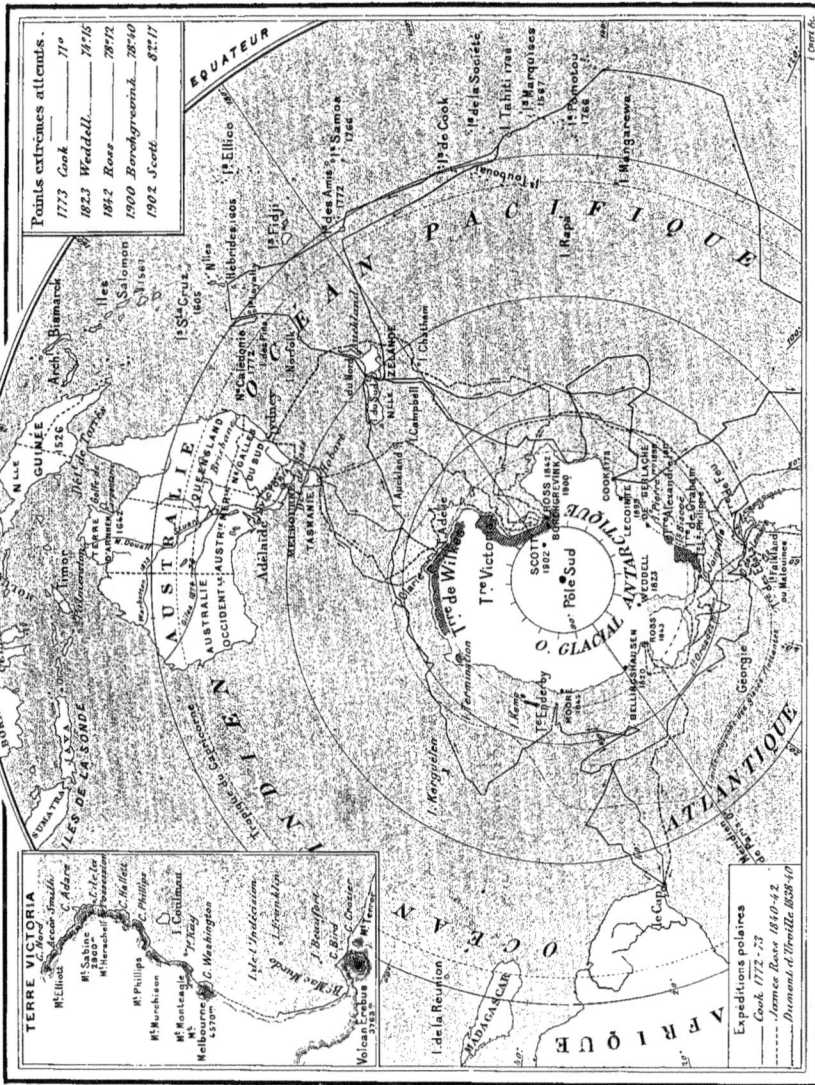

Points extrêmes atteints.

1773	Cook	71°
1823	Weddell	74°15'
1842	Ross	78°72'
1900	Borchgrevink	78°40'
1902	Scott	82°17'

EQUATEUR

OCÉAN PACIFIQUE

Arch. Bismarck

N.le GUINÉE

AUSTRALIE

OCÉAN INDIEN

Îles Salomon

Îles Sta Cruz

N.les Hébrides

Îlo Fidji

Îles Ellice

Îles des Amis Îles Samoa

Îlo de Cook

Îles de la Société

Tahiti

Îles Marquises

Îles Mangareva

Îlo Rapa

Nlle CALÉDONIE

Nlle ZÉLANDE

Île Chatham

Auckland

Campbell

TASMANIE

Adélaïde

BORNÉO

SUMATRA

ÎLES DE LA SONDE

Timor

TERRE DE GUILLAUME

Adélie

Termination Tre de Wilkes

Tre Victoria

O. GLACIAL ANTARCTIQUE

Pôle Sud

SCOTT 1902 BORCHGREVINK 1900

ROSS 1842

WEDDELL 1823

BELLINGHAUSEN 1823

C. Enderby

Kerguelen

Géorgie

OCÉAN ATLANTIQUE

AFRIQUE

MADAGASCAR

Île de la Réunion

Cap

TERRE VICTORIA

C. Nord

Baie Smith

C. Adare

C. Hallett

C. Phillips

Mt Elliot

Mt Sabine

Mt Herschell

Mt Murchison

Mt Montcagle

Melbourne

Mt Washington

Île Possession

C. Gauss

Volcan Erebus 3765

Mt Terror

C. Crozier

C. Bird

C. Washington

Île McMurdo

OCÉAN INDIEN

Expéditions polaires.

——— Cook 1772-75
--------- James Ross 1840-42
········· Dumont d'Urville 1838-40

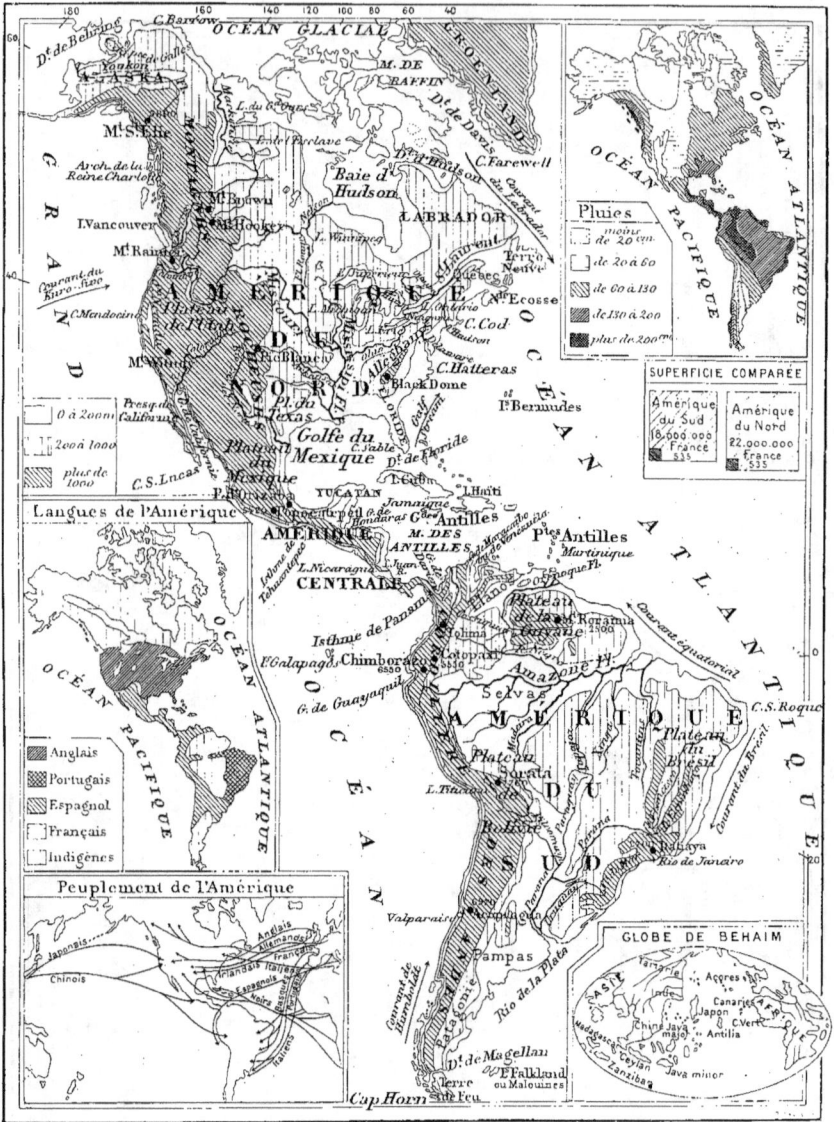

Langues de l'Amérique

Pluies

| moins de 20 cen. |
| de 20 à 60 |
| de 60 à 130 |
| de 130 à 200 |
| plus de 200 |

SUPERFICIE COMPARÉE

Amérique du Sud 18.000.000 France 535

Amérique du Nord 22.000.000 France 535

0 à 200m
200 à 1000
plus de 1000

Anglais
Portugais
Espagnol
Français
Indigènes

Peuplement de l'Amérique

GLOBE DE BEHAIM

Masson et Cie, éditeurs.   Sieurin, del.

AMÉRIQUE DU NORD
CARTE POLITIQUE

ASIE

OCÉAN GLACIAL ARCTIQUE

GROENLAND

Détroit de Behring

Yucon

ALASKA
aux États-Unis

Baie d'Hudson

C A N A D A

TERRE-NEUVE
St-Johns

Vancouver

Transcanadian Pacific

Québec

Halifax

Winnipeg

Montréal

OTTAWA

Supérieur

Toronto

Niagara

Boston

Détroit

NEW-YORK

Philadelphie

WASHINGTON

O C É A N

San Francisco

É T A T S - U N I S

Missouri

Chicago

St-Louis

Ohio

Colorado

Rio

Mississippi

A T L A N T I Q U E

Nouvelle-Orléans

Grande

Rio Norte

Is Bahama

MÉXIQUE

GOLFE DU MEXIQUE

La Havane

CUBA

Porto Rico (aux États-Unis)

Tampico

HAITI

MEXICO

Vera-Cruz

GRANDES

Port au Prince

Puebla

Kingston

ANTILLES

Acapulco

Jamaïque

MER DES ANTILLES

AMÉRIQUE CENTRALE

VENEZUELA

P A C I F I Q U E

Encart (bas à gauche) :

TERRITOIRE

Mackenzie

Yukon

Peel river

Ft Good Hope

Circle City

Klondike

D'ALASKA

Dawson City

Ogilvie

Ft Selkirk

Pelly R.

L. Labarge

L. Marsh

L. Bennett

L. Togish

Mt St Élie

Skagway

Lindemag

Dyea

Juneau

Chilkoot

Douglas

Sitka

I. Baranof

PUISSANCE DU CANADA

140   100   90

Légende :

- + - + Limites d'États
- Chemins de Fer
- ⊙ Capitales
- ○ Villes importantes
- Échelle 40 000 000
- Kilomètres
- 300   0   300   600   900   1200

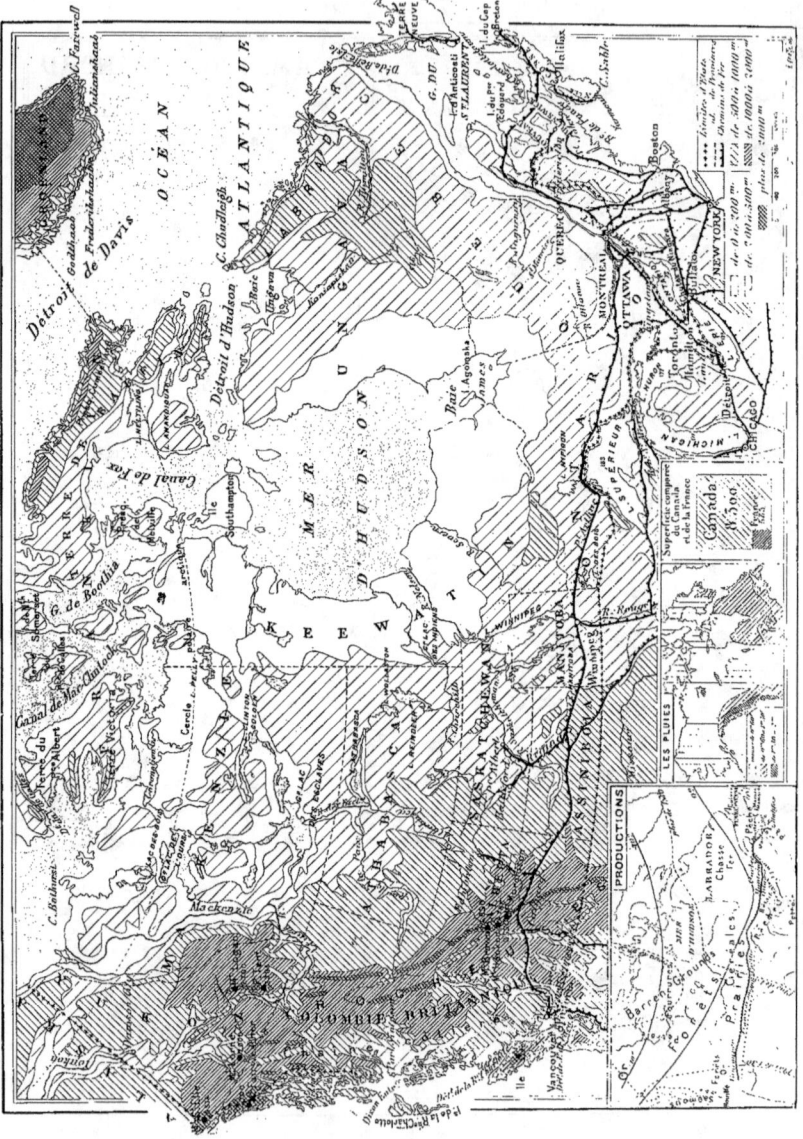

MARCEL DUBOIS & SIEURIN.

CANADA

CARTE N° 28

Masson et C⁰, éditeurs.

Sacreux, del.

ÉTATS-UNIS (CARTE PHYSIQUE)

OCÉAN PACIFIQUE

Golfe du Mexique

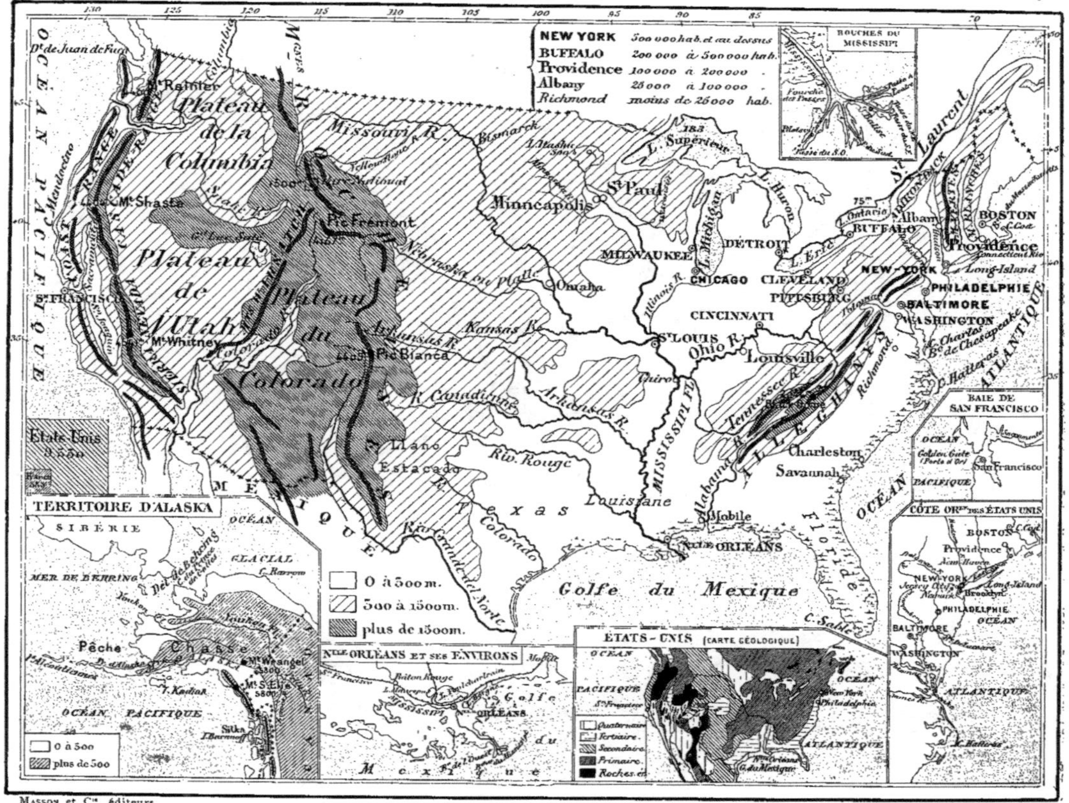

NEW YORK   500 000 hab. et au dessus
BUFFALO   200 000 à 500 000 hab.
Providence   100 000 à 200 000
Albany   25 000 à 100 000
Richmond   moins de 25 000 hab.

BOUCHES DU MISSISSIPI

BAIE DE SAN FRANCISCO

CÔTE Oᵉⁿ ᵈᵉˢ ÉTATS-UNIS

TERRITOIRE D'ALASKA

ÉTATS-UNIS (CARTE GÉOLOGIQUE)

0 à 500m.
500 à 1500m.
plus de 1500m.

Pêche

Massou et Cᵉ, éditeurs.   Sieurin, del.

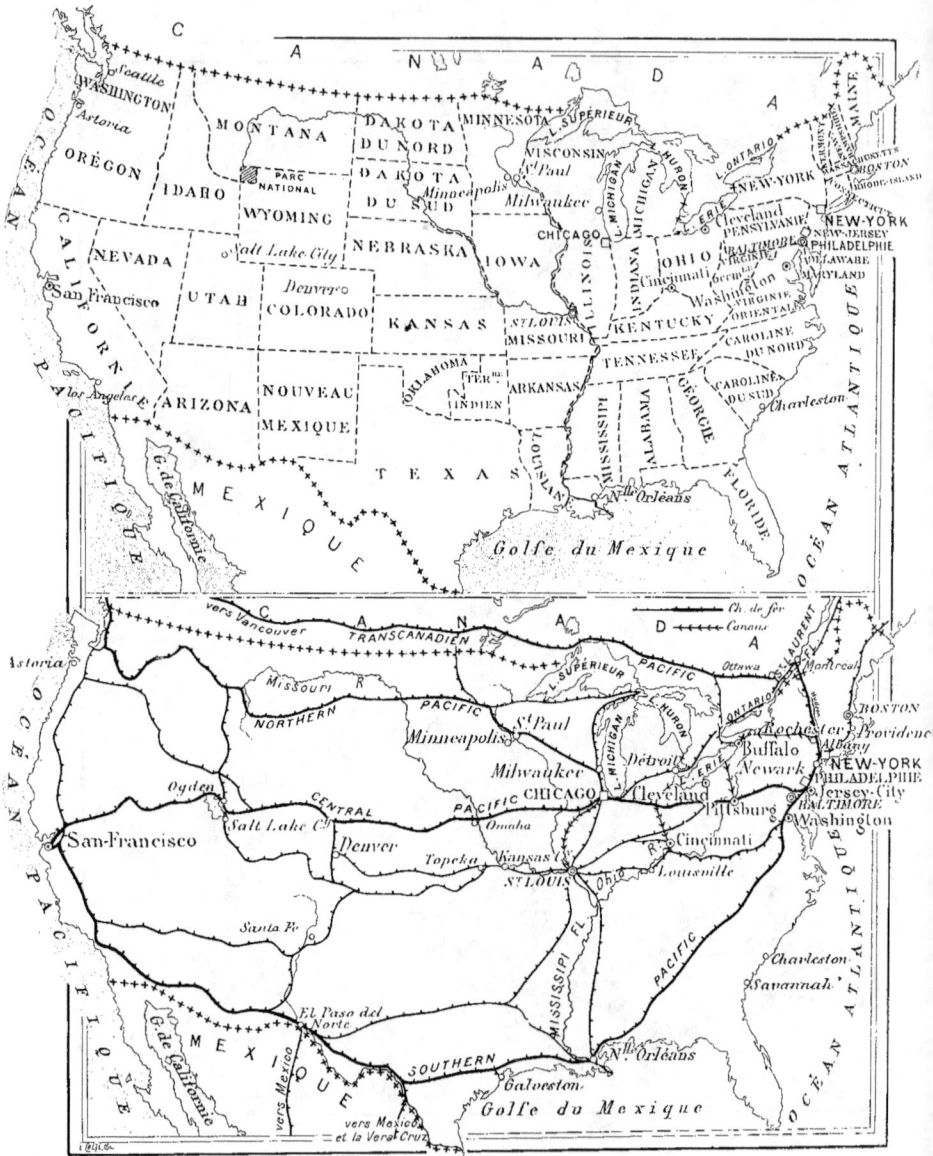

MASSON et Cie, éditeurs.   SIEURIN, del

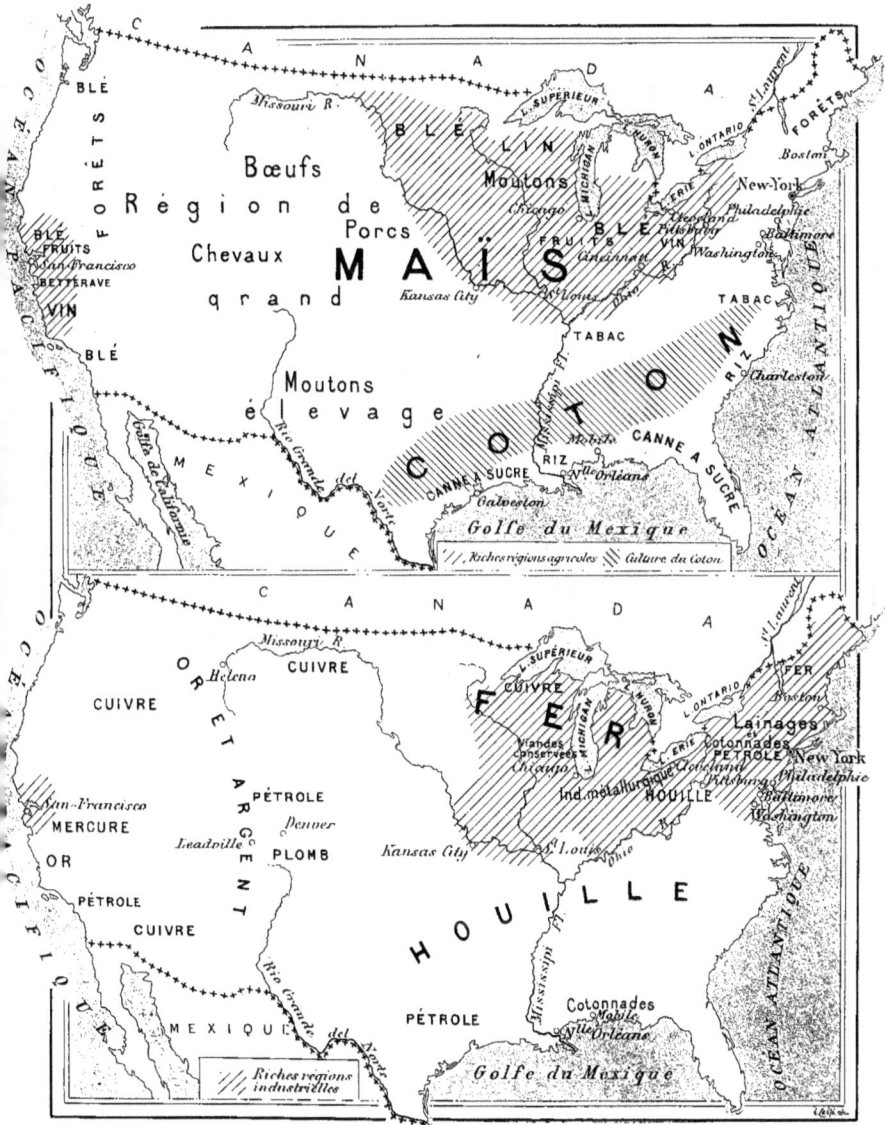

C A N A D A

OCÉAN PACIFIQUE

BLÉ

FORÊTS

Missouri R.

L. SUPÉRIEUR

BLÉ LIN

Moutons

MICHIGAN

L. ONTARIO

FORÊTS

Boston

Bœufs

Région de

Porcs

MAÏS

Chevaux

Chicago

ÉRIE

New-York

Philadelphie

Pittsburg

Baltimore

FRUITS BLÉ VIN

Cincinnati Washington

San-Francisco

FRUITS

BETTERAVE

VIN

BLÉ

grand

Kansas City

St-Louis

TABAC

TABAC

Moutons

élevage

Rio Grande del Norte

Vallée de Californie

M E X I Q U E

C O T O N

RIZ

Charleston

CANNE A SUCRE

Mobile

CANNE A SUCRE

RIZ

Nlle-Orléans

OCÉAN ATLANTIQUE

Galveston

Golfe du Mexique

/// *Riches régions agricoles* \\\ *Culture du Coton*

C A N A D A

OCÉAN PACIFIQUE

Missouri R.

L. SUPÉRIEUR

CUIVRE

CUIVRE

Helena

CUIVRE

MICHIGAN

HURON

F E R

ONTARIO

FER

Buxton

O R E T

Lainages

Cotonnades

Chicago

ÉRIE

PÉTROLE

Viandes

conservées

Cleveland

New-York

ARGENT

PÉTROLE

Denver

Ind. métallurgique

Pittsburg

Philadelphie

HOUILLE

Baltimore

San-Francisco

MERCURE

OR

Leadville

PLOMB

Kansas City

St-Louis

Washington

Ohio

PÉTROLE

CUIVRE

H O U I L L E

OCÉAN ATLANTIQUE

Rio Grande del Norte

M E X I Q U E

PÉTROLE

Mississippi

Cotonnades

Mobile

Nlle-Orléans

Golfe du Mexique

/// *Riches régions industrielles*

Masson et Cie, éditeurs.

Sieurin, del

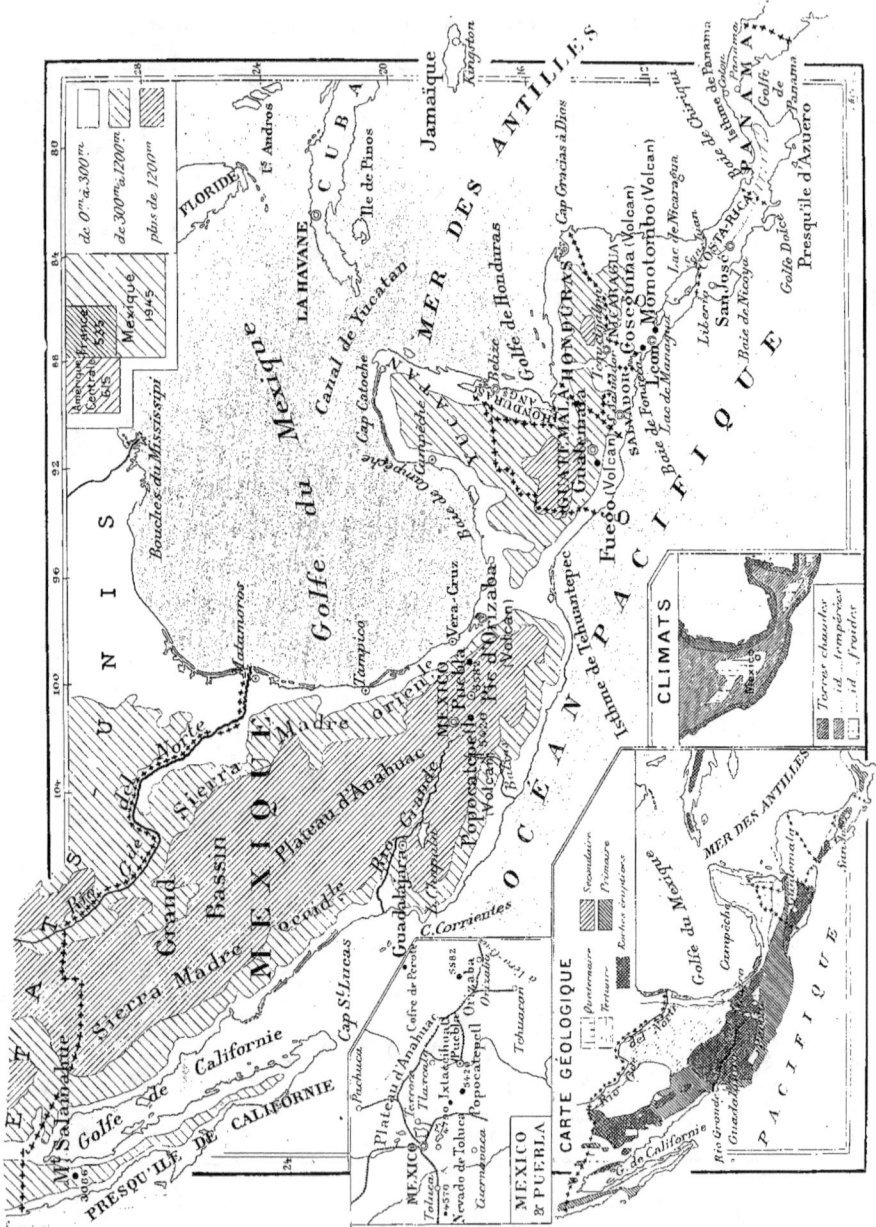

MEXIQUE ET AMÉRIQUE CENTRALE (CARTE PHYSIQUE)

de 0ᵐ à 300ᵐ
de 300ᵐ à 1200ᵐ
plus de 1200ᵐ

Amérique
Centrale 515
Mexique 1945

FLORIDE
I.ᵉ Andros
Ile de Pinos
CUBA
LA HAVANE
Canal de Yucatan
Jamaïque
Kingston

MER DES ANTILLES

Bouches du Mississipi
Golfe du Mexique
Cap Catoche

Cap Gracias à Dios
HONDURAS
Golfe de Honduras
Belize
GUATEMALA
Guatemala
SALVADOR
NICARAGUA
Cosiguina (Volcan)
Momotombo (Volcan)
Lac de Nicaragua
COSTA-RICA
San José
Liberia
Baie de Nicoya
Golfe Doré
PANAMA
Isthme de Panama
Baie de Chiriqui
Golfe de Panama
Presqu'île d'Azuero

OCEAN PACIFIQUE

Fuego (Volcan)
Baie de Fonseca

Campêche
Golfe de Campêche
Vera-Cruz
Pic d'Orizaba (Volcan)
Puebla
MEXICO
Tampico
Popocatepetl (Volcan)
Guadalajara
Rio Grande
Isthme de Tehuantepec
C. Corrientes

Matamoros
Rio Grande del Norte
Rio Gila
M.ᵗ Salaanique
Sierra Madre Oriente
Plateau d'Anahuac
Grand Bassin
Sierra Madre Occidentale
MEXIQUE
Cap St.Lucas
Golfe de Californie
PRESQU'ILE DE CALIFORNIE

ÉTATS-UNIS

MEXICO & PUEBLA
Pachuca
Cofre de Perote
Orizaba
Toluca
Ixtlacihuatl
Nevada de Toluca
Cuernavaca
Popocatepetl
Plateau d'Anahuac
Cerro

CLIMATS
Terres chaudes
id. tempérées
id. froides

CARTE GÉOLOGIQUE
Quaternaire
Tertiaire
Secondaire
Primaire
Roches éruptives
Golfe du Mexique
MER DES ANTILLES
G. de Californie
Rio Grande
PACIFIQUE

Sieurin, del.

Masson et Cⁱᵉ, éditeurs.

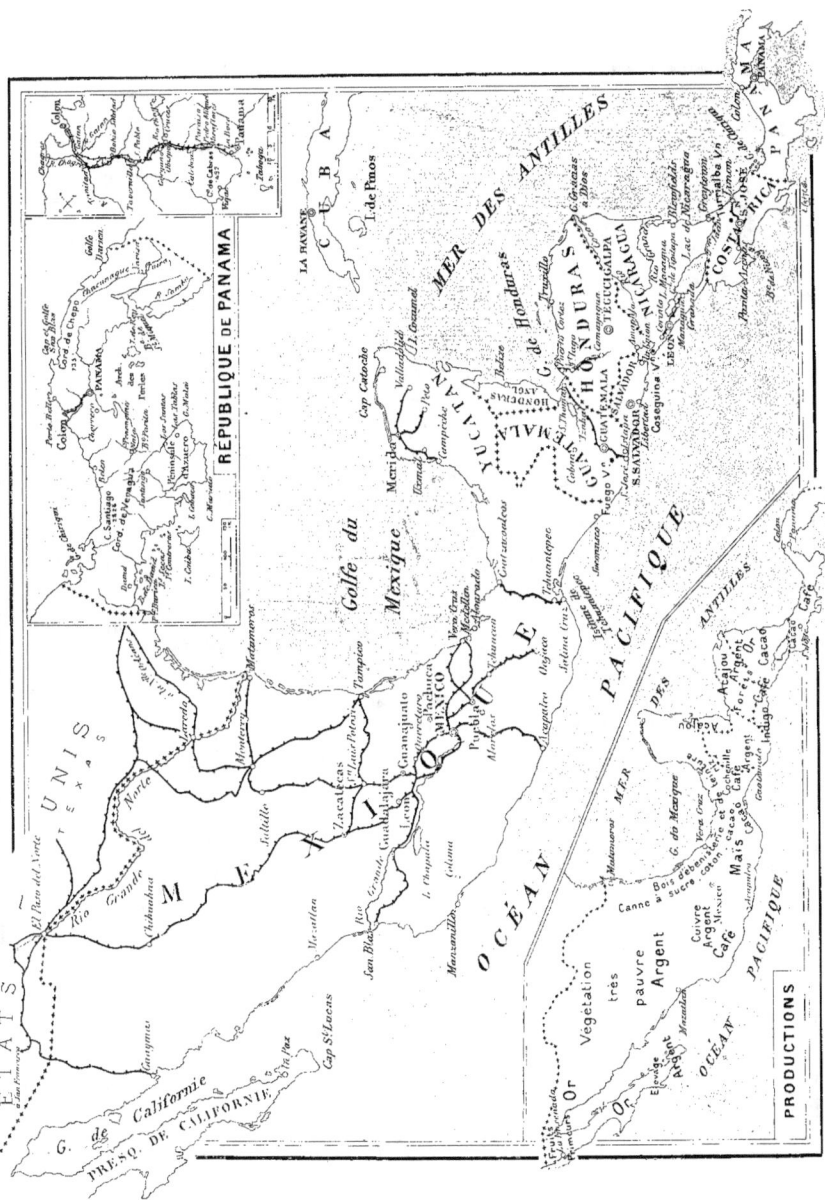

RÉPUBLIQUE DE PANAMA

PRODUCTIONS

Masson et Cⁱᵉ, éditeurs.

Sirurn. del

MARCEL DUBOIS & SIEURIN.

ANTILLES
CARTE PHYSIQUE ET POLITIQUE

MÉDITERRANÉE AMÉRICAINE

AMÉRIQUE DU NORD
AMÉRIQUE DU SUD

de 0 à 200 mètres
de 200 à 4000ᵐ
de 4000 à 6000ᵐ
de 6000 mètres et au-delà

France 536
Cuba 110
Haïti 28

FLORIDE

GOLFE DU MEXIQUE

C. Sable
Key West
C. Florida

LA HAVANE
C. Matanzas

ILES BAHAMA OU LUCAYES

C. St Antonio
I. de Pinos
(I. des Pinos)

YUCATAN

Belize

G. de Honduras

HONDURAS

MER DES ANTILLES

CUBA

Santiago de Cuba

C. Maysi

JAMAÏQUE
Kingston

HAÏTI OU ST DOMINGUE
DÉSILS D'HAÏTI OU ST DOMINGUE

PORTO RICO (États-Unis)

ILES VIERGES

St Christophe
Antigua
Montserrat
Guadeloupe (Fr)
Marie-Galante
Dominique (Angl)
Martinique (Fr)
Fort-de-France
Ste Lucie
St Vincent (A)
Barbade (A)
Grenade

ILES DU VENT

ILES SOUS LE VENT

Curaçao
Margarite
Tortuga
los Roques

VENEZUELA

COLOMBIE

G. de Maracaïbo

ANTILLES
CARTE ÉCONOMIQUE

Tabac

Café

Canne à Sucre

Des Bahamas

CUBA

JAMAÏQUE

HAÏTI

MER DES ANTILLES

VENEZUELA

COLOMBIE

AMÉRIQUE CENTRALE

● LA HAVANE 200.000 à 500.000 hab.
◉ Port-au-Prince 25.000 à 200.000 »
○ Pᵗᵉ Principe moins de 25.000 »
Capitales
Limite d'État
Chemins de fer

de 0 à 200 mètres
Plus de 200 mètres

Sieurin, del.

Masson et Cie Éditeurs.

MER DES ANTILLES

Cartagena
Panama
la Guaira
Caracas
I. Trinité (A)
Orénoque Fl.
VENEZUELA
Georgetown (Demerara)
Paramaribo (Surinam)
GUYANE
GUYANE
Cayenne
Sᵗᵃ Fé de Bogota
ANG⁵ᵉ HOL¹ˢᵉ
GUYANE FR¹ˢᵉ
COLOMBIE
Popayan
Rio Negro
Quito
ÉQUATEUR
Amazone
Fl.
Para ou Belem
S. Luiz
Ceara
B R É S I L
R. Madeira
R. Tapajoz
R. Xingu
Pernambouc
Trujillo
PÉROU
Lima
Callao
Cuzco
BOLIVIE
la Paz
R. Rio Francisco
Cuyabà
Rio São Francisco
Bahia
Sucre
Ouro Preto
Iquique
R. Pilcomayo
R. Paraguay
R. Parana
S. Paulo
Campos
RIO DE JANEIRO
PARAGUAY
Assomption
Santos
CHILI
R. Uruguay

LÉGENDE

+++ Limites d'États
◎ Capitales d'États
⊙ Villes importantes
○ Autres villes

BUENOS AYRES 500.000 h. et au dessus
SANTIAGO   200.000 à 500.000 h.
Montévidéo   100.000 à 200.000 h.
la Paz   25.000 à 100.000 h.
Cayenne   moins de 25.000 h.

la Serena
RÉPUBLIQUE
R. Uruguay
Porto Alegre
URUGUAY
Montévidéo
Valparaiso
SANTIAGO
BUENOS AYRES
la Plata
ARGENTINE
Conception

M. DES ANTILLES
la Guaira

OCÉAN PACIFIQUE
OCÉAN ATLANTIQUE
OCÉAN

PATAGONIE

Iˢ Falkland (A)
(Malouines)
Terre de Feu
C. Horn

Chemin de fer
Caracas
1 2 3 4 5 Km.

D. de Magellan
Adelaïde
Tᵗᵉ du Roi
Guillaume II
St. Brunswick
Inés
TERRE DE FEU
C. S. Diego
I. Lemaire
I. Londonderry
I. Hoste
I. et C. Horn
Dᵗ I. des États

LE DÉTROIT DE MAGELLAN
ET LA TERRE DE FEU

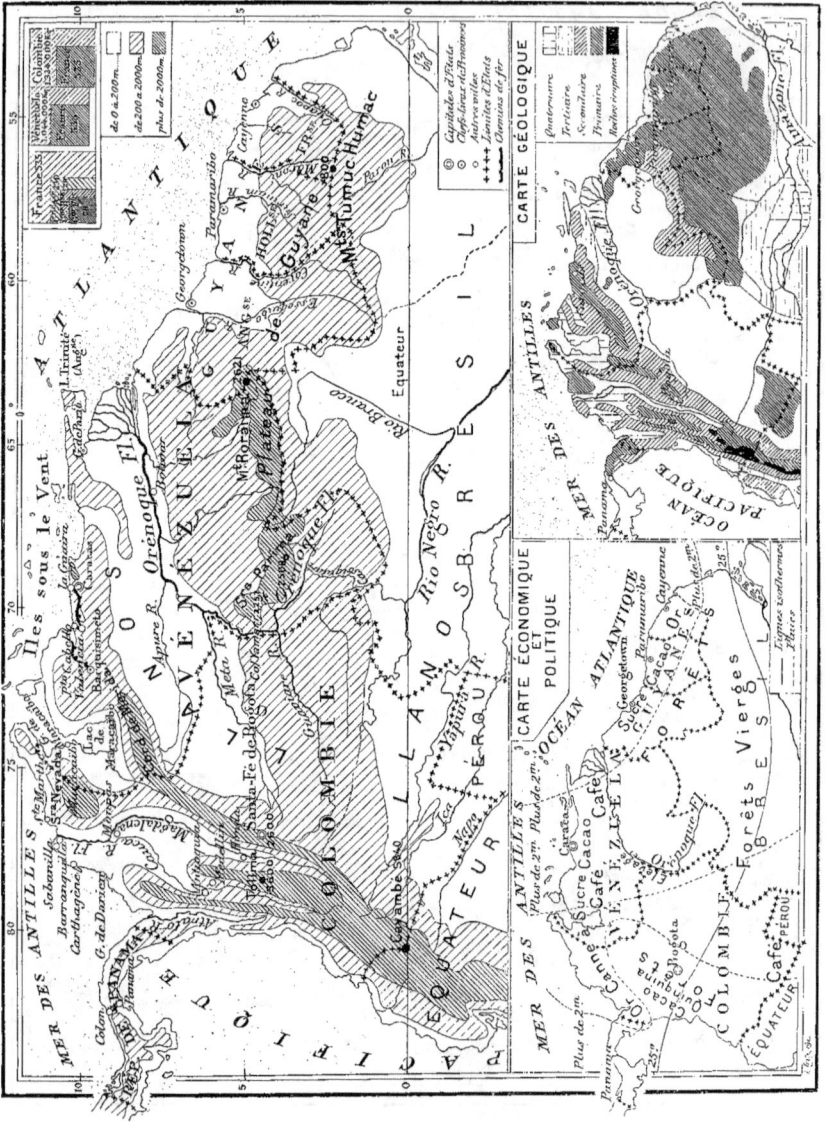

CARTE N° 36

de 0 à 200m.
de 200 à 2000m.
plus de 2000m.

Vénézuéla. Colombie
France
Brésil

Capitales d'États
Cap.iales des Provinces
Autres villes
Limites d'États
Chemins de fer

CARTE GÉOLOGIQUE

Quaternaire
Tertiaire
Secondaire
Primaire
Roches éruptives

MER DES ANTILLES

OCÉAN PACIFIQUE

CARTE ÉCONOMIQUE
ET
POLITIQUE

OCÉAN ATLANTIQUE

Lignes isothermes
Pluies

Plus de 2m.   Plus de 2m.

MER DES ANTILLES

Sucre Cacao

Café Cacao

Café

VENEZUELA

Café Cacao

COLOMBIE

Café

Café PÉROU

Forêts Vierges

BRÉSIL

ÉQUATEUR

Masson et Cᵉ éditeurs

Sieurin, del

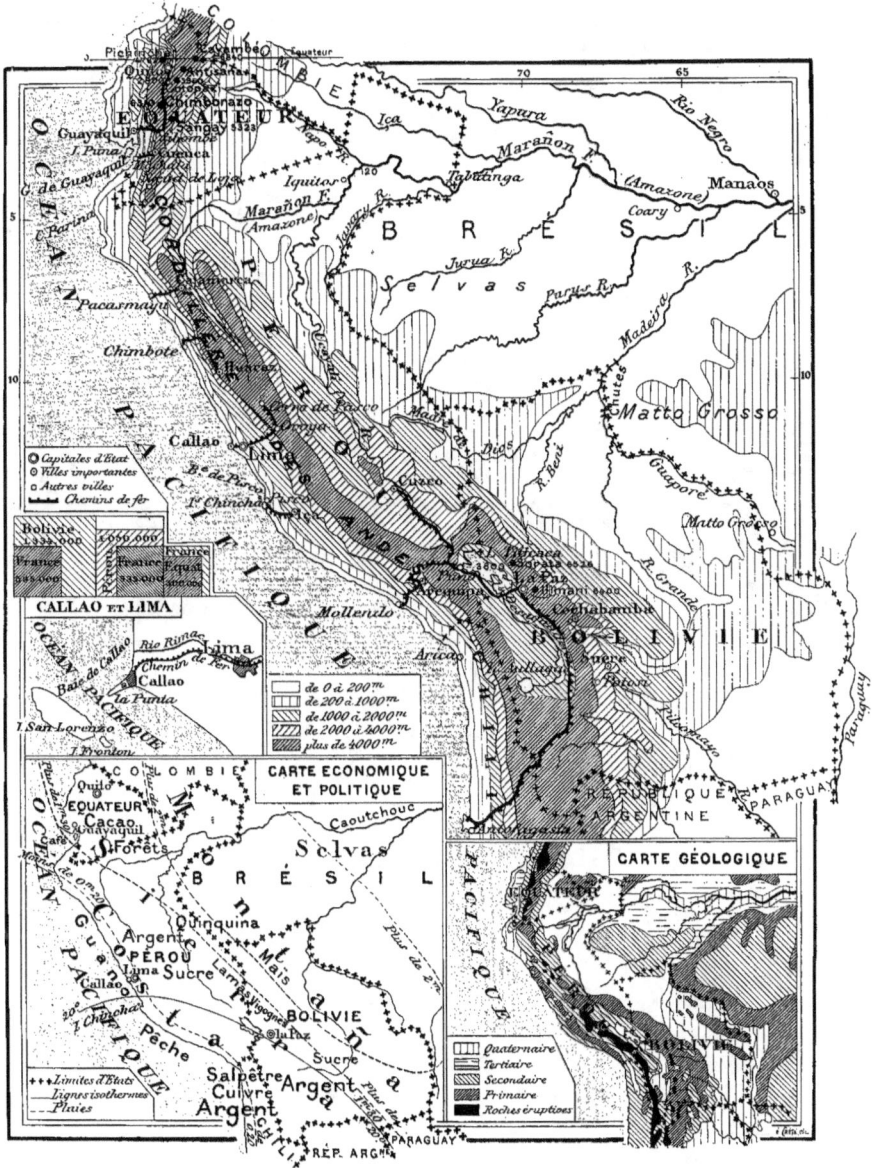

COLOMBIE

Pichincha   Cayambé   Équateur
Quito
Chimborazo
ÉQUATEUR
Guayaquil   Riobamba
I. Puna   Cuenca
G. de Guayaquil   Pont de Loja
Paita

70   65

Ica   Yapura   Rio Negro
Maranon R.

OCÉAN   Iquitos   Tabatinga   (Amazone)   Manaos
Marañon F.   120
Amazone   Coary

5   BRÉSIL   5

Pacasmayo   Selvas   Purus R.
Chimbote   Juruá R.
Madeira
Matto Grosso

10   C. de Pasco   Chutes   10
Callao   Oroya   Matto Grosso
Lima   R. Beni   Guaporé
B. de Pisco   Rios

○ Capitales d'État
◎ Villes importantes
○ Autres villes
━ Chemins de fer

I. Chincha
Cuzco   Titicaca   La Paz
Bolivie   1:1.000.000   Arequipa   Cochabamba
France   France
as one   Equat   Mollendo   BOLIVIE

CALLAO ET LIMA   Arica   Andagua   Sucre
Potosi

Río Rimac
Lima   de 0 à 200 m
Chemin de Fer   de 200 à 1000 m
Callao   de 1000 à 2000 m
La Punta   de 2000 à 4000 m
I. San Lorenzo   plus de 4000 m
I. Fronton

COLOMBIE
Quito   **CARTE ÉCONOMIQUE**
ÉQUATEUR   **ET POLITIQUE**
Cacao   Guayaquil
Forêts   Caoutchouc   RÉPUBLIQUE
Selvas   ARGENTINE   PARAGUAY

BRÉSIL

Quinquina   **CARTE GÉOLOGIQUE**
Argent
PÉROU   ÉQUATEUR
Lima   Sucre
Callao   Maïs
I. Chincha   Pêche   BOLIVIE
BOLIVIE
La Paz
Sucre   BOLIVIE
++ Limites d'États   Salpêtre
Lignes isothermes   Cuivre   Quaternaire
Pluies   Argent   Tertiaire
PARAGUAY   Secondaire
RÉP. ARG   Primaire
Roches éruptives

MASSON et Cie, éditeurs   SIEURIN, del

Brésil
8.500

COLOMBIE

VENEZUELA

GUYANES

I. Maraca

Rio Branco

Bc de Sta Rosa

Rio-Negro

Equateur

Vapure

Obidos

Para
ou Belem

Bc de St Marc

Iça

Marañon

AMAZONE FL.

Santarém

Manaos

Maraño

Sto Luiz de Maranhao

Teffé

Tabatinga

S e l v a s

Manaos

Tapajoz

Sertaos

La Fortaleza
ou Ceara

Cord da Borborema

C. San Roch

Jurua

Desterro

Purus

Madeira

Chutes

Xingu

Araguaya

Tocantins

So do Piachy

Nat

Pernambouc

Beni

Guapore

Guapore

Malto Grosso

Diamantino

Macei

Aracaju

CORDILLERE

Madeira

Mamore

Malto Grosso Cuyaba

S do S. Francisco

Bahia ou
San Salvador

Bc de la Toussaint

BOLIVIE

Serra Divisoes

Serra Pyrenees

de 0 à 200m
de 200 à 500m
de 500 à 1000m
de 1000 à 2000m
au dessus de 2000m

Paraguay

Parana

Rio Grande

Ouro Preto

Victoria

Itatiaya

C. Frio

RIO DE JANEIRO

PARAGUAY

Assomption

S. Paulo

Santos

Paranagua

Blumenau

I. Ste Catherine

Desterro
ou Florianopolis

ATLANTIQUE

Uruguay

Pto Alegre

Lag. dos Patos

Pelotas

So Pedro

URUGUAY

Lag. de Rio Grde

Lag. Mirim

Montevideo

Buenos Ayres

Sa de Tinga
1650

RIO-DE-
JANEIRO

Nictheroy

Pernambouc

R. de Janeiro

Géologie

Quaternaire
Tertiaire
Secondaire
Primaire

GÉOLOGIE

Vanille

Caoutchouc

Pêche

Forêts vierges

Cacao

Coton

Tabac

Bétail

Caoutchouc

Café

Diamants

MINES

Bétail

OR

Maté

Café

Pêche

Maté

Ria-de-Janeiro

Santos

Pêche

Bétail

Plantes alimentaires

Céréales

plus de 2m hм.

PRODUCTIONS

Masson et Cie, éditeurs.

Sieurin, del.

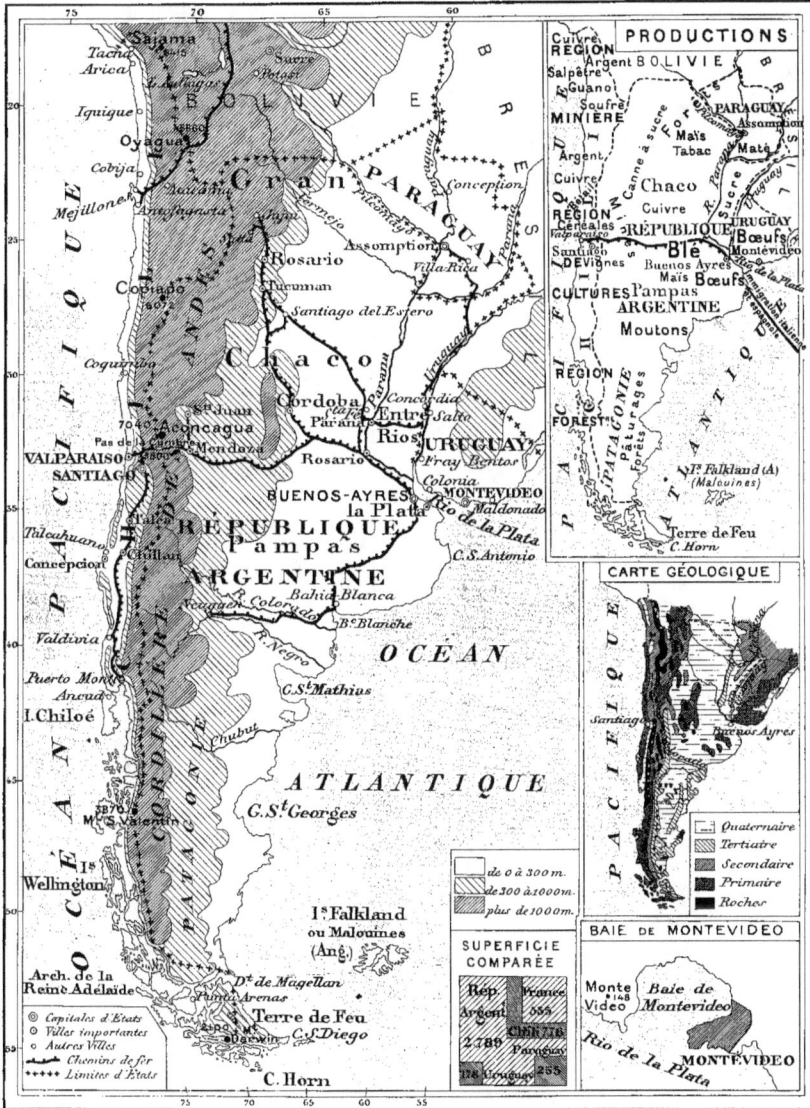

MARCEL DUBOIS & SIEURIN.

OCÉANIE

Sieurin, del.

et Isothermes de Juillet ; et Isothermes de Janvier.

AMÉRIQUE

MER DE BEHRING

Iles Aléoutiennes

I. Queen-Charlotte

S. Francisco

Panama

I. Clipperton

I. Galapagos

I. Gallego

I. de Pâques

Valparaiso

Callao

OCÉAN PACIFIQUE

Tropique du Cancer

Honolulu
Is. Hawaï ou Sandwich
Fosse de Belknap
Fosse d'Ammen

Equateur

Arch. des Marquises
Arch. Tahiti
Arch. Touamotou
Arch. de Cook

POLYNÉSIE

Arch. Samoa
Arch. Viti
Arch Tonga
Ft de la Gazelle

Tropique du Capricorne

Kouriles

MER D'OKHOTSK

Sakhalin

MER DU JAPON

JAPON

Formose

Philippines

Is. Mariannes
Is. Carolines
Is. Marshall
I. Mulgrave
Is. Gilbert
I. Pelew
I. de Nares

MICRONÉSIE

MER DE CÉLÈBES
MER DE CHINE
MÉLANÉSIE

N. Guinée

N. Calédonie

MER DU CORAIL

MALAISIE

Bornéo
Célèbes
Java
Sumatra
MER DE BANDA
MER DE GRÈVE

AUSTRALIE

Sidney
Melbourne
Adélaïde

TASMANIE

Ft de Jeffreys

NLLE ZÉLANDE

Auckland
Wellington
Christchurch
S. Dunedin

Ft de Thomson

Maulde et C., éditeurs.

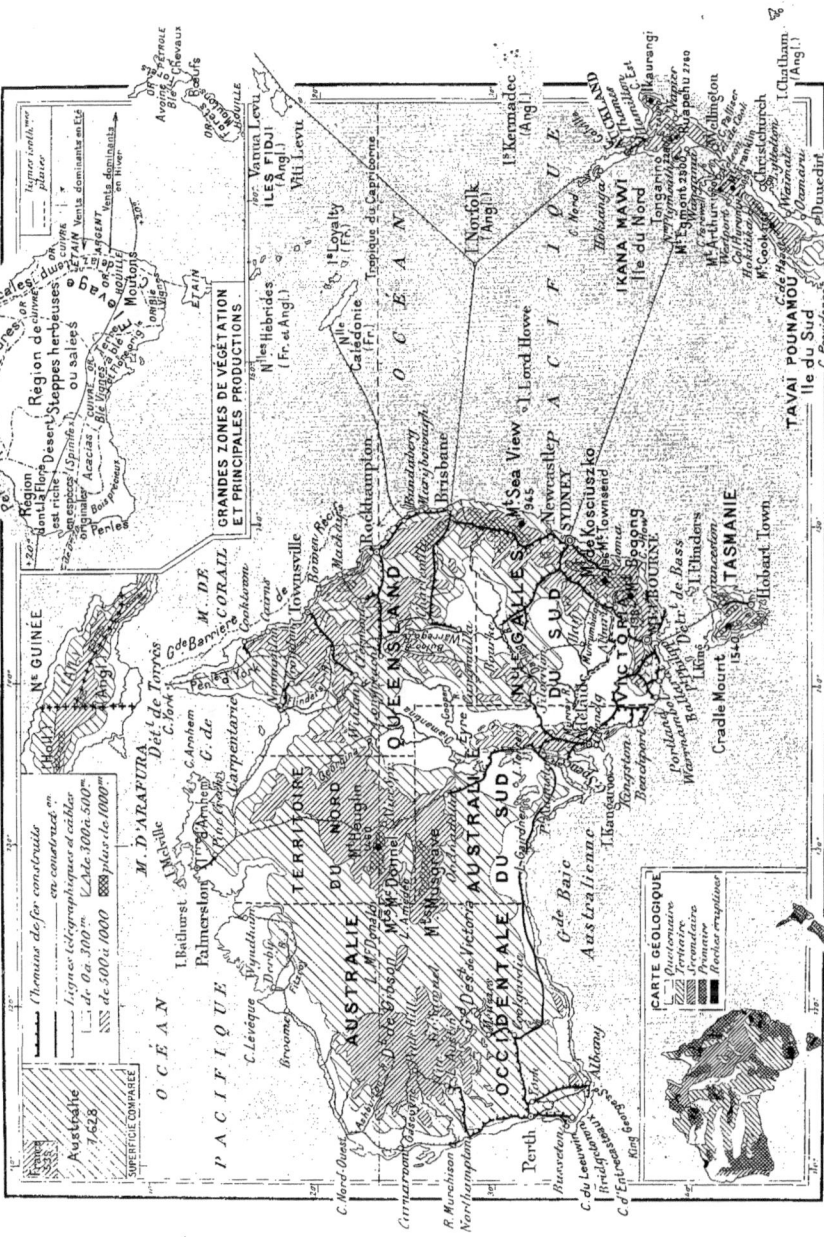

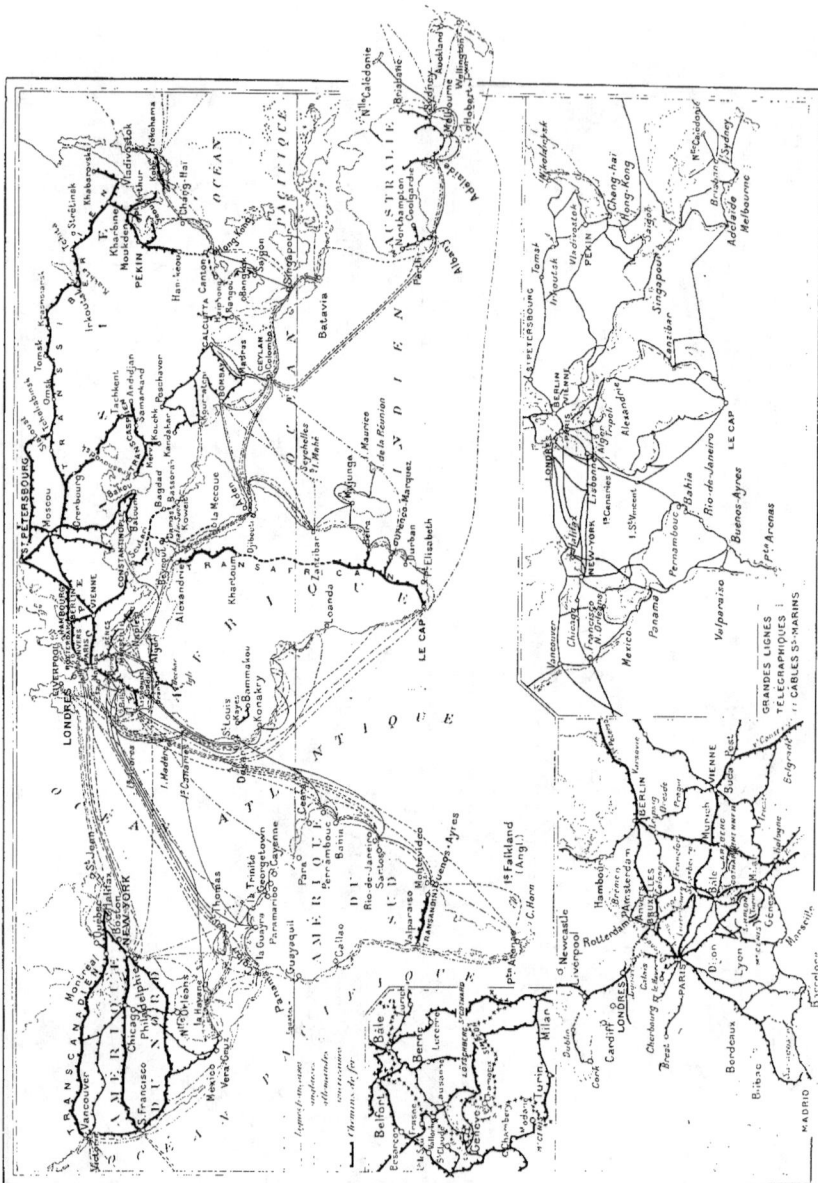

VOIES DE COMMUNICATION INTERNATIONALES

CARTE N° 42

E. SIEURIN.